Yvonne Joosten

Traumhafte Hochzeiten

YVONNE JOOSTEN

Traumhafte Hochzeiten

50 Festideen für Ihren schönsten Tag

Bibliografische Information der Deutschen Nationalbibliothek
Die Deutsche Nationalbibliothek verzeichnet diese Publikation in der
Deutschen Nationalbibliografie; detaillierte bibliografische Daten
sind im Internet über http://dnb.d.de abrufbar.

ISBN 978-3-86506-467-7
© 2013 by Joh. Brendow & Sohn Verlag GmbH
Einband- und Innengestaltung: Brendow Verlag, Moers
Titelgrafik: shutterstock
Druck und Bindung: Brendow PrintMedien, Moers
Printed in Germany

www.brendow-verlag.de

INHALT

Vorwort	7
I TRAUMSTART INS GLÜCK	10
1 Mit der Kutsche ins Glück	12
2 Blumenhochzeit	15
3 Herz ist Trumpf	17
4 Unser Tag	20
II HEIRATEN WIE IM MÄRCHEN	22
5 Rosenhochzeit	24
6 Heiraten im Märchenschloss	27
7 Entführung in die Welt aus Tausendundeiner Nacht	32
8 Fairy Tale	34
III AUF IMMER UND EWIG	38
9 Rosige Zeiten	40
10 Für immer Dein	43
11 Zwei, die sich erlesen	45
12 Alte Liebe	47
IV IM SIEBTEN HIMMEL	52
13 Ja – wir wollen!	54
14 Sonnige Aussichten	57
15 Wir lassen bitten	60
16 Magische Momente	63
V DER GROSSE AUFTRITT	66
17 Heiraten de luxe	68
18 Im Garten Eden ...	71
19 Königliches Fest im Schloss	74
VI WENN ZWEI SICH TRAUEN	80
20 Auf Engelsflügeln	82
21 Provenzalische Hochzeit	85
22 Schlemmen im Schloss	89
23 Swinging Wedding	93
VII WILLKOMMEN IM MITTELALTER	96
24 Ritterhochzeit auf einer Burg	98
25 Mittelalterliche Tafelrunde	102

26 Heiraten in historischen Räumen 105

27 Dû bist mîn, ich bin dîn 108

VIII IN DEN HAFEN DER EHE 112

28 Strandhochzeit 114

29 Ein Tag im Paradies 119

30 Hochzeitsdinner im Leuchtturm 122

31 Liebe ist ... gemeinsam die Klippen des Lebens zu umschiffen 124

IX LANDLIEBE 126

32 Trachtenhochzeit 128

33 Mühlenhochzeit 131

34 Green Wedding 133

35 Countryflair 137

36 Im Schatten alter Apfelbäume 139

XI EIN TAG WIE KEIN ANDERER 142

37 Ganz in Weiß 144

38 Romantische Nacht 148

39 Italienischer Abend 152

40 Pink Wedding 155

41 Vintage-Hochzeit 158

XI ROMANTIK PUR 162

42 Heiraten am See 164

43 Japanische Kirschblütenhochzeit 167

44 Blue Emotions 169

45 Tanz im Mai 171

46 Ein Sommernachtstraum 174

XII MONDSCHEIN UND STERNE 176

47 Vollmondtrauung 178

48 Den Sternen nah 181

49 Feuer und Flamme 184

50 In der Mitte der Nacht 187

Stichwortverzeichnis 188

Vom Hochzeitstraum zur Traumhochzeit

LIEBES BRAUTPAAR,

es ist so weit!
Sie wollen heiraten und dieses wunderbare Ereignis angemessen feiern. Ihr Hochzeitsfest soll einmalig werden, besonders und außergewöhnlich. Es soll vor allem die Bedeutung der Trauung für Sie widerspiegeln und sich von anderen Jahres- und Lebensfesten unterscheiden. Eine große und schöne Aufgabe.

Wie lässt sie sich umsetzen?
Es gibt unendlich viele Möglichkeiten, ein Hochzeitsfest zu feiern. In diesem Buch gebe ich Ihnen eine Auswahl der schönsten Feste: Feiern ganz in Weiß, das Fest auf einem Schloss, Märchenhochzeit und Green Wedding – um nur einige zu nennen.

So unterschiedlich wie die Themen, so verschiedenartig sind auch die Feste. Mit diesen Ideen gleicht kein Fest dem anderen. Veranstaltungen, die tagsüber stattfinden, brauchen eine ganz andere Choreographie als nächtliche Feiern. Der Tafelsaal einer Burg unterscheidet sich grundlegend in Ausstattung und Ambiente von der Skylounge eines Grandhotels. Beide Locations haben ihre sehr speziellen, eigenen Reize. Dasselbe trifft auch auf das Fest im eigenen Garten oder der Feier am Strand zu. Wichtig ist, dass alles zusammenpasst: Der Ort der Feier zu Ihrem Thema, die Dekoration wiederum zur Location; die Musik zu den Gästen, das Brautkleid zum Anzug des Bräutigams – und alles dies soll sich unter dem Leitgedanken Ihrer Hochzeit zu einer harmonischen Einheit zusammenfügen.
Geht nicht, meinen Sie? Doch, natürlich. Durch phantasievolles Gestalten und konsequentes Formen.

Wesentliches finden und Akzente setzen
Dieses Buch zeigt Ihnen, wie Sie die unterschiedlichsten Komponenten zusammenführen, Wesentliches im Blick behalten und gekonnt Akzente setzen.

Ich habe mich bewusst auf die jeweils zentralen Elemente der Feier konzentriert, die wesentlich zum Gelingen des Festes beitragen, und diese gegebenenfalls bis in die Einzelheiten hinein erklärt.
Sie finden also auch Koch-, Mix- und Backrezepte, Anleitungen zum Serviettenfalten, Dekorations- und Spielvorschläge im Wechsel, je nach Gewichtung zu jeder Feier.

Darüber hinaus bekommen Sie einen Eindruck von den angesagten Trends. Sie erfahren, wie eine Photo Booth funktioniert, lernen einen Kissing Ball binden und backen Cupcakes.

Wer darüber hinaus mehr über die Hochzeitsplanung wissen möchte, dem wird in meinem Buch „Der perfekte Hochzeitsplaner" weitergeholfen. Hier wird zeitlich gestaffelt der Ablauf der gesamten Hochzeit mit Vor- und Nachbereitung, Trauung und Fest geschildert.

Auswählen, planen und feiern
50 Feste warten auf Sie mit weit über 100 ausgearbeiten Ideen. Hier finden Sie bestimmt, was Sie suchen.

Dieses Buch versteht sich als Schatztruhe. Viele Einzelheiten fügen sich harmonisch zu nachvollziehbaren Konzepten. Es will Sie anregen, inspirieren, auf neue Ideen bringen und Ihnen gleichzeitig die Freiheit lassen, aus all dem Ihr eigenes ganz individuelles, und, im Unterschied zu den Standardfeiern, sehr persönliches Fest zusammenzustellen.

Ihre Hochzeitsfeier ist für Sie ein unvergesslicher Tag. Schenken Sie sich dieses Fest gegenseitig, kommen Sie in Vorfreude und genießen Sie die Zeit davor mit Auswählen, Vorplanen und Vorträumen.

Auf dass aus Ihrem Hochzeitstraum Ihre Traumhochzeit ersteht.

Herzlichst
Ihre

Yvonne Joosten

Legende

🎵 Spiel oder Tanz

🐷 Spartipp

👍 Profitipp

❀ Dekoration

💗 Kreativanleitung

🎁 Überraschung

🍏 Rezept

Ein Tipp:
Falls es Ihnen an Zeit mangelt, und Sie sich im Vorfeld von den Vorbereitungen entlasten wollen, können Sie in vielen Fällen einen Weddingplaner einschalten. Er weiß, was in Ihrer Region möglich ist, und kann Ideen aus diesem Buch Ihren genauen Vorstellungen entsprechend umsetzen.

Traumstart

ins Ehe-Glück

Die Ehe ist und bleibt die wichtigste Entdeckungsreise, die der Mensch unternehmen kann.

Sören Kierkegaard (1813-1855),
dän. Theologe, Philosoph u. Schriftsteller

Mit anderen Worten: Sie ist ein privates Unterfangen für zwei Wagemutige, die sich offen, aufgeschlossen und neugierig auch als Jäger des Glücks verstehen, dieses flüchtigen Gutes, das es immer wieder aufzuspüren gilt. Am Hochzeitstag haben Sie die Frage „Findet mich das Glück?" eindeutig mit „Ja" beantwortet.

Damit diese Reise gleich mit einem fulminanten Auftakt beginnt, möchten Sie ein Fest feiern, das ebenso besonders und einzigartig ist wie der Anlass.

Die im folgenden Kapitel vorgestellten Ideen und Anregungen sollen Sie auf dem Weg zu Ihrem Wunschfest begleiten, Ihnen Inspirationen liefern und vielleicht sogar den entscheidenden Impuls geben, der Ihnen blitzartig anzeigt:
Das ist es, was wir gesucht haben. So wird unser Fest.

1 Mit der Kutsche ins Glück

Romantische Feier mit noblem Ambiente

Erfüllen Sie sich Ihren Hochzeitstraum, und feiern Sie ein rauschendes Fest in exklusivem Ambiente. Ein Schloss, eine Burg oder ein nobles Herrenhaus bieten den passenden Rahmen für eine stilvolle Feier.

Beginnen Sie Ihr Fest gleich mit einem romantischen Auftakt: einer Fahrt in einer weißen Hochzeitskutsche, die von einem Schimmelgespann gezogen wird. Diese Kutsche hat Sie schon zum Standesamt oder zur Kirche gefahren – jetzt bringt sie Sie zum ersten großen Fest, das Sie als Ehepaar geben.

Hochzeitskutschen

Hochzeitskutsche ist noch längst nicht gleich Hochzeitskutsche. Es gibt sie in den unterschiedlichsten Typen und

Ausführungen: klein oder groß, offen oder geschlossen, als Zwei- oder als Vierspänner – es lohnt sich, vorher Erkundigungen einzuziehen, welche Arten von Kutschen in Ihrer Gegend zu mieten sind. Achten sollten Sie beispielsweise auf einen tiefen Einstieg, wenn Sie als Braut vorhaben, einen langen Schleier oder einen Reifrock zu tragen. Das war bereits für die Damen des 19. Jahrhunderts eine Herausforderung.

Offene Kutschen besitzen oftmals Baldachine, die bei Regen geschlossen

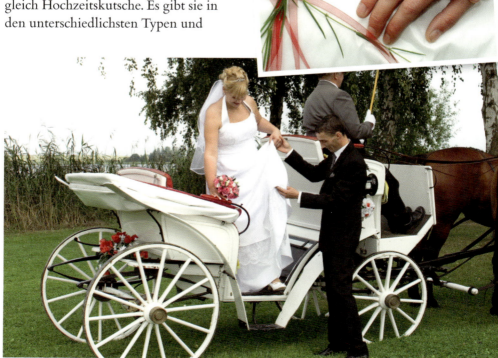

werden können, aber nicht alle. Auch ein Blick darauf lohnt sich also.

Wollen Sie allein oder zusammen mit Eltern und Trauzeugen fahren? Bis zu sechs Personen können in einigen Kutschen Platz finden. Manchmal sind noch ein bis zwei Extraplätze oben auf dem Kutschbock frei, auf denen Kinder sitzen können. Keine Frage, wie viel Begeisterung Sie bei den zwei auserwählten Kids auslösen, die neben dem Kutscher Platz nehmen dürfen.

Das Kutschenmotiv bietet sich als Leitthema für Ihre Hochzeitsfeier an. Ansprechende Einladungs-, Tisch- und Menükarten mit nostalgischen Kutschen sind im Fachhandel erhältlich oder übers Internet zu beziehen.

Besonders schön ist eine Karte in Form eines Leporellos, dieser pfiffigen Zickzackfaltung, die ungewöhnliche Gestaltungsmöglichkeiten zulässt. Beispielsweise fährt die Kutsche, wenn sie über das Deckblatt bis auf die erste Innenseite gezogen wird, beim Aufklappen direkt auf die festliche Mitteilung zu. Darüber hinaus sind kleine Kutschen-Kartonagen als Gastgeschenke freundliche Willkommensgrüße auf den Gedecken. Und eine weiße Glücks-Kutsche als Aufsatz der Hochzeitstorte sieht schlichtweg umwerfend aus.

Ein Höhepunkt des Festes ist unbestritten das Kutschenspiel, eine amüsante Einlage, die Ihre Gäste nach dem Essen in Bewegung bringt.

♫ Spiel: Das Kutschenspiel

Dieses Spiel ist schlichtweg ein „Muss" für eine Hochzeit, in der eine Kutsche eine Rolle spielt. Es bringt mächtig Leben in die Gesellschaft, weil alle Gäste miteinbezogen werden.

Sie benötigen neun Stühle, die Sie in Form einer Kutsche paarweise zu fünf Reihen anordnen. Einzige Ausnahme: die 3. Reihe. Hier steht ein Einzelstuhl für den Kutscher.

Die Rollenbesetzung nach Stuhlreihen geordnet:

1. Reihe: 2 Pferde: 2 Hochzeitsgäste – Aufgabe: wiehern

2. Reihe: 2 Räder: die Eltern der Braut – Aufgabe: Arme vor dem Körper drehen

3. Reihe: 1 Kutscher: Freund des Bräutigams – Aufgabe: die „Zügel" halten und die „Peitsche" schwingen

4. Reihe: Prinz und Prinzessin: Bräutigam und Braut – Aufgabe: hoheitsvoll winken, lächeln

5. Reihe: 2 Räder: die Eltern des Bräutigams – Aufgabe: Arme vor dem Körper drehen

Außerdem: Das Volk: alle Anwesenden – Aufgabe: rufen „Hoch, hoch, hoch!"

Sobald alle Mitspieler Platz genommen haben, erzählt einer der Anwesenden, beispielsweise ein Trauzeuge, die Geschichte einer Kutschfahrt des Prinzenpaares. Sie beginnt damit, wie der Kutscher die Pferde anspannt, das Prinzenpaar einsteigt und die Fahrt losgeht. Das Volk jubelt ihnen zu. Während der Reise gehen ihnen die Pferde durch, die Kutsche muss repariert werden und erst danach können sie wieder wohlbehalten nach Hause fahren. Am Schloss angekommen, begrüßt sie das Volk abermals mit: „Hoch, hoch, hoch!" Immer, wenn der Rollenname eines Mitspielers fällt, muss dieser seine Aufgabe ausführen. Beim letzten „Hoch"-Ruf des Volkes erhält die ganze Kutschenmannschaft ein Gläschen Sekt zur Erfrischung.

Zur musikalischen Untermalung des Festes haben Sie ein Streichquartett engagiert. Den Sektempfang und das Essen begleiten die vier Musiker einfühlsam mit Werken aus Barock und Klassik, zu Tanz und Spielen begeistern sie Ihre Gäste mit schwungvollen Stücken aus der Moderne sowie mit Unterhaltungs- und Salonmusik.

Streichquartett

Traditionell besteht ein Streichquartett aus zwei Violinen, einer Bratsche und einem Violoncello. Es ist die bedeutendste Gattung der Kammermusik. Der Begriff Streichquartett bezieht sich dabei sowohl auf das Ensemble wie auf die Komposition. Für eine Hochzeitsfeier ist es die ideale musikalische Begleitung.

2 Blumenhochzeit

Ein Traum in Orange

Sie lieben Orange und möchten es zu Ihrer Hochzeitsfarbe wählen? Nur wissen Sie noch nicht, wie Sie das umsetzen können?

Orange ist eine kräftige Farbe, die für Freude, Energie und Fülle steht. Sie ist die Farbe der Wärme und der Nähe. Ihr wird zugesprochen, geistig anregend zu wirken, die Stimmung aufzuheitern und Geselligkeit zu fördern. Wie geschaffen also für eine Hochzeitsfeier.

Am besten kommt Orange im Freien zur Wirkung. Ein Garten mit viel Grün ist der perfekte Ort, an dem es seine Stärken ausspielen kann. Damit es sich harmonisch an die Umgebung anpasst, wird Orange für die Farbe der Blumen genommen, genauer gesagt, für die Blumen der Liebe: Rosen.

Suchen Sie sich für Ihre Hochzeitsfeier eine Rosensorte aus, die genau den Orangeton aufweist, den Sie schätzen. Lassen Sie sich daraus große Blumensträuße binden, die wie frisch gepflückt aussehen.

❀ Blütentische

Stellen Sie die orangefarbenen Rosensträuße in schöne Glasvasen in die Mitte der weißgedeckten Tische – und halten Sie kurz inne: Sieht das nicht bereits phantastisch aus?
Dann kommen die Gedecke an die Reihe: weiße Teller, silbernes Besteck und Gläser in puristisch klarer Form. Nichts

soll von den Rosen ablenken. Einzig als Farbtupfer ist eine orangefarbene Serviette zwischen Ess- und Suppenteller erlaubt.

Die weißen Stoffservietten werden einfach nur gerollt und auf die Suppenteller gelegt. Eine aufgelegte Rosenblüte heißt den Gast an seinem Platz willkommen.

Weitere individuelle Deko-Elemente sind einzelne Rosenblüten, die Sie zusam-men mit etwas Wasser in Cocktailgläser geben. Nach Belieben können Sie kleine weiße Porzellanfiguren wie Tauben da-zu arrangieren.

Über die Tischdecke streuen Sie großzügig orangefarbene Rosenblätter. Raffiniert: Nutzen Sie Glaskugeln als zusätzlichen optischen Effekt. Füllen Sie sie in die Vasen und Blumengläser, und verteilen Sie die kleinen Kugeln auf sämtlichen Tischen und dem Büfett. Das wirkt ausgesprochen exklusiv und edel.

Blumen über Blumen

Egal wie groß Sie Ihre Feier planen, Sie werden auf jeden Fall für die Dekoration schier unendlich viele Blumen benötigen. Um hier Kosten zu sparen, verwenden Sie sie möglichst doppelt. Der Brautstrauß aus orangefarbenen Rosen steht als Centerpiece auf dem Tisch des Hochzeitspaares. Weitere Tische werden mit den Sträußen der Brautjungfern geschmückt, die aus der Rosensorte des Brautstraußes gebunden sind, nur kleiner ausfallen. Zusätzliche Rosen zum Dekorieren erhalten Sie, wenn Sie auf der Einladungskarte die Rosensorte vermerken, die Sie sich als Blumengabe wünschen.

3 Herz ist Trumpf

Heiraten mit viel Gefühl

Genau. Denn Herz steht für Liebe.
Schon der Apostel Paulus schreibt
im „Hohelied der Liebe": „Nun aber
bleiben Glaube, Hoffnung, Liebe, diese
drei; aber die Liebe ist die größte unter
ihnen." Er wusste, ohne Liebe geht gar
nichts: „Und wenn ich prophetisch
reden könnte und alle Geheimnisse
wüsste und alle Erkenntnis hätte; wenn
ich alle Glaubenskraft besäße und Berge
damit versetzen könnte, hätte aber die
Liebe nicht, wäre ich nichts."

Sie haben Herz und Ihre große Liebe
zueinander. Was liegt da näher, als das
auf Ihrer Hochzeitsfeier auch zu zeigen?
Das Herz wird seit der Antike als Sitz
des Lebens angesehen und mit der Farbe Rot verbunden.

Abbildungen und Objekte in Herzform
gibt es in Hülle und Fülle. Von der
herzförmigen Einladungskarte über die
Herzgirlande bis zum großen Hoch-
zeitsherz aus Holz: Wer einen Blick
für Herzdekorationen entwickelt, wird
vieles entdecken, das er für seine Hochzeitsfeier nutzen kann. Darüber hinaus
gibt es noch die Möglichkeit, auch ohne
ein offensichtlich erkennbares Herz den
Bezug zum Festthema herzustellen:
Hier ein paar Vorschläge:

Herzschlag

Live-Band mit Schlagzeug
Engagieren Sie für Ihre Hochzeit eine
Band, die Ihre Hochzeit rockt, aber
auch die leiseren Herztöne trifft.

Herzblatt

Herztaschentücher für
Freudentränen
Eine Hochzeit ist bewegend. Niemand
braucht sich zu schämen, hin und wieder einmal ein kleines Tränchen zu ver-
drücken. Herztaschentücher neben den
Gästetellern kommen sicher gut an.

Warmherzig

Romantische Teelichte in Herzform
Sie brennen und brennen und brennen.
Herzförmige Teelichte im Glas sorgen
überall dort für anheimelnde Stim-
mung, wo Sie sie hinstellen – auf dem
Esstisch und auf dem Büffet, entlang
der Seitenränder der Haustreppe, auf
Fenstersimsen und allen Vorsprüngen
an Hauswand und Gartenzaun, die kein
Feuer fangen können.

Freiherzig

Streuherzchen als Tischdeko

Einfach allerliebst: Glitzernde Streuherzchen über die Tischdecke verteilt, verfehlen nie ihre Wirkung.

Hochherzig

Herzen am Stab

Unglaublich, was man mit Herzen aus Holz, Draht, Karton oder Glas, die auf Stäben stecken, alles anfangen kann. Überall, wo der Stab Halt findet, ist es auch möglich, die Steckherzen zu befestigen. Klassisch sind Blumensträuße und Grastöpfchen. Darüber hinaus schmücken sie Cupcakes, Muffins und sogar die Hochzeitstorte.

Leichtherzig

Trendige Herz-Bubbles

Zeigen Sie auch dort Herz, wo es vielleicht keiner erwartet – als herzförmige Wedding-Bubbles zum Beispiel, die aus den angesagten Seifenblasenfläschchen kommen.

Machen Sie sich die Herzensfreude, und laden Sie Ihr Gäste nach dem Sektempfang zum Luftballon-Event ein:

🎁 Herzluftballons steigen lassen

Sie benötigen für die Luftballonaktion zunächst einmal viele, viele Herzluftballons, am besten rechnen Sie für jeden Gast vier Ballons. Dann brauchen Sie noch rote Bändchen, rote Kugelschreiber und vorbereitete Karten aus leichtem Papier mit einem schönen Herzaufdruck. Die Karten sind zum Zurücksenden an Sie gedacht. Deshalb mit Briefmarke und Ihrer Anschrift versehen. Für das Bändchen ein Loch in jede Karte stanzen.

Verteilen Sie an jeden Gast ein bis vier Luftballons, ein Bändchen, eine Karte und einen Kugelschreiber. Die Ballons haben Sie ca. eine Stunde vorher mit Heliumgas aufgefüllt.

Die Gäste notieren anschließend Glückwünsche für Sie auf den Karten und binden diese an die Ballons. Mehrere Ballons werden dabei mit den Bändchen zu einem Strauß zusammengebunden.

Ein schönes Bild: Die Gäste in festlicher Kleidung, die Herren meist in Schwarz, halten Trauben von nach oben strebenden roten Luftballons über ihren Köpfen, die ein fast geschlossenes Dach bilden.

Das ist eine gute Gelegenheit für eine kurze Ansprache. Informieren Sie vor Ihrer Feier einen der Gäste, der Ihnen besonders am Herzen liegt, über Ihr Vorhaben, und geben Sie ihm die Möglichkeit, an diesem besonders schönen Festmoment das Wort an Sie und die anderen Anwesenden zu richten.

Daran anschließend folgt das, worauf alle gewartet haben: das Signal zum Loslassen. Wenn Sie eine Live-Band engagiert haben, geben Sie dem Schlagzeuger ein Zeichen, woraufhin er einen Trommelwirbel startet. Eine rote Wolke aus Herzluftballons strebt zum Himmel, bleibt kurz zusammen, bevor sie sich „in alle Winde" verteilt. Sie dürfen nun gespannt sein, ob Sie eine der Karten wiedersehen.

Das große Highlight der Festtafel ist die Hochzeitstorte –
dem Leitthema entsprechend in Herzform.

 *Herztorte*

SCHOKOLADENBISKUIT:
3 Eier
100 g Zucker
35 g Butter
100 g Mehl
1 gestr. TL Backpulver
1 gehäufter EL Kakaopulver

FÜLLUNG UND BELAG:
3 EL Kirschmarmelade
1 EL Kirschwasser
400 ml Sahne
1 Päckchen Sahnesteif
1 Päckchen Vanillezucker
1 gestr. EL Zucker
500 g Schattenmorellen im Glas
1 Päckchen Tortenguss, klar
1 EL Zucker
5 El geröstete Mandelblättchen

Herzbackform Ø 22 cm

ZUBEREITUNG:

Die Eier trennen und das Eiweiß mit dem Zucker steif schlagen. Das Eigelb unterrühren. Die Butter zerlassen. Mehl mit Kakao und Backpulver mischen und mit der abgekühlten Butter unter die Eimasse heben. Den Teig in die eingefettete Herzbackform füllen und im vorgeheizten Backofen auf der mittleren Schiene bei 170 °C Umluft (190 °C Ober- und Unterhitze) etwa 30 Minuten backen. Den Boden nach dem Auskühlen einmal quer durchschneiden.
Die Kirschmarmelade mit Kirschwasser verrühren und den unteren Boden damit bestreichen. Den zweiten Boden darauflegen.

Die Schattenmorellen auf die Torte verteilen. Aus ¼ l Kirschsaft, Tortenguss und Zucker einen Tortenguss herstellen und auf die Kirschen streichen.

Die Sahne mit dem Vanillezucker, Sahnesteif und Zucker steif schlagen. Einen Teil der Sahne um den Tortenrand streichen. Die restliche Sahne in einen Spritzbeutel füllen und auf den oberen Rand der Torte spritzen. Die seitlichen Tortenränder mit den gerösteten Mandelblättchen bestreuen.

Herzluftballons sind zudem ein hervorragendes Element Ihrer Hochzeitsdekoration. Binden Sie sie an Pfeiler, Zäune und Außengeländer. An den Rücklehnen Ihrer Stühle befestigt, zeigen sie jedem die Plätze des Hochzeitspaares an. Ihre kleinen Gäste freuen sich ebenfalls darüber, wenn sie die roten aufblasbaren Herzen auf dem Kindertisch finden.

4 Unser Tag

Das besondere Fest in kleiner Runde

Die Hochzeitsfeier zu zweit oder im allerengsten Kreis Ihrer Lieben ist etwas ganz Besonderes. Eine Zeitinsel, die Sie mit allen Sinnen genießen – und das sozusagen privatissime.

Die Traumlocation

Suchen Sie sich für Ihr Fest einen Ort, den Sie beide sehr mögen. Im Sommer wäre ein schattiger Platz im Grünen an einem kleinen Bach oder See ideal. Waldrestaurants, Burg- und Schloss-gastronomie haben Derartiges zu bieten. Klären Sie ab, dass Sie dort am Tag Ihrer Feier ungestört feiern können und welche Ausweichmöglichkeiten bei Regen bestehen. Besprechen Sie auch möglichst detailliert den Ablauf. Waldrestaurants liegen meist nicht in der Nähe der eigenen Wohnung und sind deshalb nur schlecht für die Vorbereitungen zu erreichen. Sie selbst haben in der heißen Phase der Hochzeitsvorbereitungen voraussichtlich keine Zeit,

sich ausführlich um die anschließende Feier zu kümmern.

Um keine unangenehme Überraschung zu erleben, testen Sie am besten Ihr Restaurant, indem Sie dort vorab einmal essen gehen. Neben der Qualität der Speisen können Sie dann auch beurteilen, ob die Bedienung wirklich freundlich ist und die Dekoration liebevoll drapiert.

So könnte Ihr Tag aussehen:

Am Tag Ihrer Hochzeitsfeier bedeutet Ankommen im Restaurant, dass Sie ab sofort nur noch entspannen und genießen.

Ein kleiner Snack steht bereit, und der Sekt kann eingeschenkt werden.

Ein hübsches Extra sind Glasdekorationen. Frack und Schleier stehen symbolisch für Braut und Bräutigam und werden einfach über die Sektgläser des Hochzeitspaares gestülpt. Die Gläser der Gäste können ebenfalls geschmückt sein. Hier bieten sich farbige Tüllschleifen an. Wenn sie gleichzeitig als Platzanweiser genutzt werden sollen, fixiert man ein Namensschildchen an der Deko.

Nach der ersten Stärkung ist ein wenig Action angebracht. Eine romantische Kutschfahrt oder auch ein nicht minder stimmungsvoller Hubschrauberrundflug bringen Abwechslung und Spannung in Ihr Fest.

Abends wird das Hochzeitsmenü im Restaurant serviert. Ein Beispiel für die Speisenfolge:

👍 **Kurzurlaub**

Immer mehr Paare dehnen ihre Hochzeitsfeier auf einen Kurzurlaub aus und gönnen sich zusätzlich zum Festtag zwei bis drei freie Tage. Wenn Sie also nach mehr oder weniger langem Suchen endlich Ihre Traumlocation gefunden haben, ist es einer Überlegung wert, das Fest in den Mittelpunkt eines Kurzurlaubs zu stellen.

Blattsalate in Balsamicovinaigrette auf mediterranem Gemüse

Entenbrust mit Thymian und Honig glaciert auf Spargelragout und Herzoginkartoffeln

Mascarponecreme auf Erdbeer-Orangensalat

Angenehm gestärkt setzen Sie sich zum Ausklang des Festes noch einmal in kleiner Runde nach draußen – bei Kerzenschein und einem guten Glas Wein, den liebsten Menschen im Arm. Aus dem Wald weht ein Duft nach Moosen und Farn herüber, der Bach murmelt leise. Ein Käuzchen ruft. Welch ein Tag!

♥ Brautpaargläser

Hübsche Hochzeits-Glasdekorationen sind eine Bereicherung der Festdekoration. Der Hit sind Frack und Schleier, die die Gläser unverwechselbar machen. Diese und andere Glasverzierungen sind über einen Hochzeitsservice oder übers Internet zu bestellen. Mit überschaubarem Aufwand kann man sie aber auch selbst anfertigen:

Für das Glas der Braut brauchen Sie nur ein Stück weißen Tüll um den oberen Rand eines Sektglases zu binden und mit einer Schleife zu fixieren.

Das Glas des Bräutigams erfordert etwas mehr Vorbereitung:

Schneiden Sie aus schwarzem Filz ein Rechteck zu mit Bändern für die Befestigung an beiden Seiten. Für das Hemd kleben Sie ein weißes dreieckiges Filzstück darüber. Bringen Sie für die Knöpfe drei Miniperlen an, und verzieren Sie das schwarze Frackteil mit einer Mini-Dekoschleife. Zum Schluss Klettband auf die Bänder nähen.

Heiraten wie

im Märchen

Man sieht nur mit dem Herzen gut, das Wesentliche ist für die Augen unsichtbar.

ANTOINE DE SAINT-EXUPÉRY (1900-1944),
FRANZ. FLIEGER U. SCHRIFTSTELLER

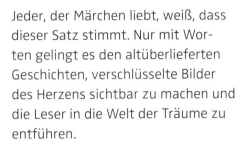

Jeder, der Märchen liebt, weiß, dass dieser Satz stimmt. Nur mit Worten gelingt es den altüberlieferten Geschichten, verschlüsselte Bilder des Herzens sichtbar zu machen und die Leser in die Welt der Träume zu entführen.

Ein Hochzeitsfest, das die starken Symbole der Märchen nutzt, erhält mythischen Zauber, der die Bedeutung dieses besonderen Festes unterstreicht. Silberne Kugeln, glänzende Steine und goldene Linsen verheißen demjenigen Glück, der sie zu deuten weiß.

Wie Sie mit ihnen Ihr Hochzeitsfest stilvoll bereichern können, dazu finden Sie jede Menge Anregungen auf den nächsten Seiten.

Mit einer Märchenhochzeit stellen Sie in jedem Fall Ihren Bund fürs Leben unter einen guten Stern: Nahezu alle Paare, die im Märchen zueinanderfanden, führten eine äußerst harmonische Ehe. Denn fast jedes Mal heißt es am Schluss: „Sie lebten vergnügt bis an ihr Ende."

5 Rosenhochzeit

Dornröschen erwacht

„Es war einmal", so beginnen die meisten Märchen. Ihre eigene Geschichte als Brautpaar fängt heute mit „Es ist" an und fährt fort mit „Es wird sein". Starten Sie sie mit einem rauschenden Fest, in dem die Blumen der Liebe, rote Rosen, eine wichtige Rolle spielen.

Unübersehbar der üppige Brautstrauß als leicht angedeuteter Wasserfall. Die roten Rosen werden von ebenfalls roten Perlenschnüren umspielt. Das komplementäre Grün der Blätter bringt die Blumen erst richtig zum Leuchten. Wunderschön: Die Perlenschnüre finden sich im Brautschmuck wieder. Mehrfach gewickelt zieren sie Handgelenk und Dekolleté der Jungvermählten. Ein phantastischer Kontrast zum weißen Brautkleid aus Seide und Chiffon.

👍 Lippenrot

Eine wichtige Kleinigkeit für das Gesamterscheinungsbild der Braut ist die Wahl der Lippenstiftfarbe. Sie sollte unbedingt auf die Rosenfarbe des Straußes abgestimmt sein. Ein ins Grüne tendierender Lidschatten harmoniert optimal dazu.

Weitere Rosen finden sich auf den Save-the-Date-, Einladungs-, Menü- und Danksagungskarten. Sie sind aus weichem Naturpapier gefertigt. Auf die Vorderseite wird eine Rose mit Letterpress geprägt. Damit ist das traditionelle Hochdruckverfahren gemeint, das auf formbaren Papieren zu reliefartigen Ergebnissen führt: Ihre Rose kann man ertasten. Der Text ist in dunkelroter Farbe eingedruckt.

✿ Rosen und Ranken

Rosen und Efeuranken bestimmen das Bild der Tischdekoration. Eine von Efeugirlanden umrankte Reihe von kleinen Rosensträußchen erinnert an die Hecke, die der mutige Königssohn überwinden musste, um zu seinem Dornröschen zu gelangen. Eine Spindel als Centerpiece verweist auf das Tatwerkzeug der Königstochter. Dornröschen stach sich im Alter von 15 Jahren an einer Spindel, worauf sie und der gesamte Hofstaat in einen hundertjährigen Schlaf fielen.

Kleine Rosenzweige schmücken auch die Gedecke. Mit Schleifenband um die weißen Servietten gewickelt, sorgen sie für Farbe auf den Tellern.

herausgeschnitten. Braut und Bräutigam halten dabei das Messer gemeinsam. Wer hierbei die Hand oben hat und den Schnitt führt, soll auch später in der Ehe die „Oberhand" behalten – sagt man.

Also aufpassen beim Schneiden, damit kein falscher Eindruck entsteht.

Dornröschens Traum I

Für eine künstlerische Einlage sorgt eine Pantomimin, die mit großen Gesten und ausdrucksstarker Mimik eine Episode des Dornröschen-Märchens neu erzählt. Zum Schluss der Vorstellung hält sie plötzlich mitten in der Bewegung inne und verharrt in Erstarrung – Dornröschen ist in ihren langen Schlaf gesunken.

Dornröschens Traum II

Musik trägt viel zur zauberhaften Stimmung des Rosenfestes bei. Mit ihr können Geschichten untermalt werden. Zu Sektempfang, Kaffee und Menü gibt's klassische Hintergrundmusik von einem Streichquartett oder Pianisten – ganz wie es sich für ein märchenhaftes Schlossfest gehört.

Nach dem Menü wechselt der Musikstil: Eine Jazzband spielt auf. Das bringt nicht nur Leben in die Hochzeitsgesellschaft, sondern steht gleichzeitig für die Erweckung der Königstocher aus ihrem unfreiwilligen Ruhezustand.

Der Bräutigam darf seine Braut jetzt küssen.

Duften Ihre Rosen? Wenn nicht, dann sprühen Sie etwas Rosenessenz auf einige Blütenblätter. Diese verteilen Sie gleichmäßig über den Tisch, damit alle in den Genuss des zarten Wohlgeruches kommen.

Blütentorte

Die opulente Hochzeitstorte steht für alle sichtbar mitten auf dem Dessert-Büffet. Jede Etage ist üppig mit Rosen geschmückt.

Das erste Stück wird feierlich vom Hochzeitspaar aus der untersten Ebene

6 *Heiraten im Märchenschloss*

Cinderella-Träume

An ihrem Hochzeitstag möchten sich viele Bräute wie eine Prinzessin fühlen, zum Beispiel wie Cinderella, die Märchenbraut par excellence. Vom Aschenputtel zur Prinzessin, das ist der Stoff, aus dem Hochzeitsträume gewebt werden: Böse Stiefschwestern, Linsen in der Asche, hilfreiche Tauben, ein Haselnussbaum und natürlich der Prinz, der anhand eines goldenen Frauenschuhs seine Prinzessin wiederfindet.

Von der Märchenfigur Aschenputtel sind im deutschsprachigen Raum vor allem zwei Varianten bekannt. Die erste wurde von dem französischen Schriftsteller Charles Perrault verfasst, die zweite stammt von den Gebrüdern Grimm. In Perraults Erzählung tauchen Eidechsen, Mäuse und ein Kürbis auf, die von einer guten Fee in Schimmel, Lakaien und eine Kutsche verwandelt werden. „Cendrillon", wie Aschenputtel auf französisch heißt, trägt gläserne Schuhe. Diese Fassung stand Pate für den weltberühmten Zeichentrickfilm „Cinderella" von Walt Disney.

Beide Märchen-Varianten sind hervorragend dazu geeignet, um sie in ein Hochzeitsfest einfließen zu lassen.

Aus Haselnusszweigen, Glitzertropfen und Deko-Tauben lässt sich eine Tischdekoration zaubern, die das Aschenputtel-Märchen lebendig werden lässt. Wie verzaubert wirkt die Szenerie, wenn Sie zusätzlich in die Tischmitte eine von Kerzen beleuchtete Eisskulptur in Form eines Glasschuhs stellen.

Ein eleganter Festsaal in einem historischen Schloss mit großer Parkanlage bietet den passenden Rahmen für die magische Märchenhochzeit.

Die Braut darf zu diesem Anlass Mut zur Extravaganz zeigen und erscheint im voluminösen Festkleid mit langer Schleppe. Der Bräutigam trägt dazu einen klassischen Hochzeitsanzug oder Smoking mit einer elfenbeinfarbenen Rose im Revers, dem romantischen Sinnbild für Liebe und Treue.

Im Brautstrauß finden sich elfenbeinfarbene Rosen wieder, die mit grünen Mohnkapseln, einigen violetten Akzentblumen und weißem Organzaschleifenband zu einem traumhaft schönen Märchengebinde zusammengefasst sind.

Die Hochzeitstorte ist ein Meisterwerk der Konditorenkunst. Sie wartet in Form eines Schlosses als Mittelpunkt des Kuchenbüfetts auf ihre große Stunde.

Bei so viel märchenhafter Stimmung sollte auch an die kleinen Hochzeitsgäste gedacht werden. Sie kennen in der Regel die Aschenputtelgeschichte und möchten ebenfalls etwas zum Gelingen des Festes beitragen. Für sie ist das von mir extra für Kinder erfundene Goldlinsenspiel bestimmt.

♫ Spiel für Kinder: Die goldene Linse

Aus der Stelle des Märchens, an der Aschenputtel Linsen einsammelt und dabei von freundlichen Tauben unterstützt wird, lässt sich ein lustiges Kinderspiel machen. Frei nach dem Motto: „Die Guten ins Töpfchen, die Schlechten ins Kröpfchen", suchen die Kleinen im Schloss-Saal nach bunten Hochzeitsmandeln, die vorher dort versteckt wurden. Linsen wären zu klein, deshalb werden Hochzeitsmandeln für das Spiel genommen.
Eine der Mandeln hat einen goldfarbenen Überzug und liegt so gut verborgen, dass sie nicht sofort gefunden werden kann.

Achtung: Wenn die Mandeln zum Verzehr gedacht sind, müssen sie einzeln in Klarsichtfolie verpackt sein.
Die Kinder werden dann aufgefordert, die Zuckernüsse (streng genommen sind es Steinfrüchte) zu suchen. Für eine bestimmte Anzahl der farbigen Mandeln gibt's einen kleinen Preis. Wer die goldene Mandel findet, der erhält den begehrten Hauptpreis – ein beliebtes Kinderspiel, welches sogleich geöffnet und ausprobiert werden kann. Der Gewinner wird feierlich vors Saalmikrofon gerufen und als bedeutende Persönlichkeit allen Hochzeitsgästen vorgestellt. Eine Riesenfreude für den kleinen Findekönig!

Nicht nur die Kinder, auch die Erwachsenen wollen ihren Spaß. Für sie ist der Aschenputteltanz genau das Richtige. Besonders Cinderella kann dabei in ihrer Paraderolle glänzen: Sie betört alle Anwesenden mit ihrem Tanz.

♫ Aschenputteltanz

Die weiblichen Hochzeitsgäste werden gebeten, einen Schuh auszuziehen und in die Mitte der Tanzfläche zu legen. Der Schuhberg wird anschließend mit einem Tuch abgedeckt und die Herren auf die Tanzfläche gebeten. Sie müssen nun blind nach einem der Schuhe greifen und mit der Eigentümerin der Fußbekleidung den nächsten Tanz absolvieren.
Ein bezauberndes Spiel, um die Paare zu mischen und das Fest aufzulockern.

Für die Gäste gibt's anschließend eine Extra-Überraschung aus der Cinderella-Welt: Der Haselnussbaum – auf dem der weiße Vogel saß, wenn er Aschenputtels Bitten erfüllte – findet sich in Form eines leuchtenden Wunschbaumes auf dem Hochzeitsgabentisch wieder.

♥ Wunschbaum

Ein allerliebst aus vielen kleinen Lämpchen leuchtender Deko-Baum zieht die Aufmerksamkeit der Betrachter auf sich. Die Gäste schreiben ihre guten Wünsche für das Brautpaar auf bereitliegende grüne Zettel, die sie dann wie Blätter mit Schleifenbändern an das Bäumchen binden.
Leuchtende Deko-Bäume mit biegsamen Ästen werden als Wohnraumschmuck in Möbelgeschäften und Life-style-Läden angeboten. Auch übers Internet sind sie bestellbar.
Eine schöne Alternative zum künstlichen Baumobjekt ist ein Wunschbusch aus echten Haselnusszweigen. Am schönsten sehen die Zweige der Korkenzieherhasel aus, dieses Baumes, der durch seine unnachahmlich dekorativ verdrillten Äste auffällt. Stecken Sie die weiß besprühten Zweige in einen großen, mit Erde gefüllten Blumentopf. Die Erde wird mit Moos abgedeckt und um die Zweige eine Lichterkette gewunden – schon ist der Wunschbusch fertig.
Haselnusszweige wurden im Übrigen auch für Wünschelruten genommen. Magisches scheint diesen Zweigen seit alters her zugesprochen zu werden.

Für den Abend des Festes haben Sie noch eine besondere Attraktion vorgesehen. Bei einsetzender Dunkelheit werden zunächst die Wege mit Fackeln beleuchtet. Anschließend bringt ein Bodenfeuerwerk mit pyrotechnischen Effekten wie Springbrunnen, Fontänen und Wasserfällen die historischen Mauern zum Erglühen. Das Brautpaar wie die Gäste erleben ein ergreifendes Finale in einer wahrhaft magischen Atmosphäre.

Der Bräutigam hat in seiner Rolle als Prinz eine hervorragende Figur gemacht, die Braut war schlichtweg umwerfend als Prinzessin. Ihr klingt noch der wunderbare Satz ihres Schwiegervaters im Ohr, der in seiner Festrede die Taube zitiert hat, die den Prinzen beim Schuhtest berät. Der kluge Vogel gurrt, als der Prinz Aschenputtel den goldenen Schuh anprobieren lässt: „Die rechte Braut, die führt er heim."

Entführung in die Welt aus Tausendundeiner Nacht

Romantische Hochzeit mit orientalischem Flair

Es gibt sie noch, die Hochzeitsfeste, die einen in eine andere Welt entführen. Eine orientalische Hochzeit ist das beste Beispiel dafür. Sie mutet an wie ein Traum aus Tausendundeiner Nacht.

Schwelgen Sie in den typischen Orientfarben: kräftiges Rot, warmes Orange, fröhliches Pink, und setzen Sie dazwischen gezielt Akzente in Gold. Dazu ein wenig orientalischer Duft nach Räucherstäbchen, und die Grundlage für eine Hochzeitsfeier im fernöstlichen Stil ist gelegt.

Um den Festsaal in eine orientalische Stimmung zu tauchen, sollten Sie die Wände mit einbeziehen. Typisch sind lange Stoffbahnen aus rotem und orangefarbenem Voile, einem zarten, transparenten Gewebe, die von der Decke herabhängen und unten jeweils zu Knoten zusammengebunden sind. Ein Dekorateur kann Ihnen hier weiterhelfen.

Stellen Sie viele Kerzen und Bodenvasen mit großen Blumensträußen auf. Über die Tische werden rote Stoffbahnen quergelegt und darauf Platzteller aus Messing, goldfarbenes Besteck, Gläser und Glasteller verteilt. Orientalische Elemente, wie schön geschwungene Namenskärtchen und Tischnummern in Form eines Palast-Elefanten, vervollständigen den Look. Auf den Tellern liegen paarweise zusammengebundene Servietten in Rot und Pink, die von einem goldfarbenen Elefanten beschwert werden.

✿ Scheherazades Traumgemach

Ein absolutes Highlight Ihres Festes ist ein kuscheliger Loungebereich, den Sie unter einem Baldachin einrichten. Zahlreiche Kissen und Hocker aus Kamelleder auf dicken Teppichen, dazu Wasserpfeifen und Hängelampen schaffen morgenländisches Flair. Auf niedrigen Tischen servieren Sie köstlichen orientalischen Tee und persische Gebäckspezialitäten sowie frische Datteln. Dezente arabische Hintergrundmusik lädt zum Träumen ein.

Zwei weitere Palast-Elefanten mit blumengeschmückter Sänfte weisen auf die Plätze des Brautpaares hin.

Als Überraschung für die Gäste tritt nach dem Festmahl eine Bauchtanztruppe auf. Sie ist einfach ein Muss bei einer orientalischen Feier. Ebenfalls unentbehrlich für fernöstliches Ambiente ist ein Brautstrauß in den charakteristischen Farben. Orangefarbene Rosen, rote Gerbera und Chrysanthemen in Pink ergeben einen kräftigen Dreiklang, der durch rotgeflammte Lilien und grüne Johannsikrautfrüchte stilvoll ergänzt wird. In Zepterform gebunden passt er hervorragend zu einem verspielten Brautkleid in Weiß.

🎁 Aladins Geschichte

Für die Zeit kurz vor Mitternacht haben Sie noch eine besondere Darbietung vorgesehen: Eine Märchenerzählerin, die an Scheherazade erinnert, trägt die Episode „Aladin und die Wunderlampe" aus den Märchen aus Tausendundeiner Nacht vor. Eine Öllampe auf dem Tisch lässt Dschinn, den guten Geist Aladins, lebendig werden. Er muss ja nicht gleich erscheinen, es reicht, wenn alle wissen, dass er in der Lampe steckt.

8 *Fairy Tale*

Märchenfest im Zauberwald

Hand aufs Herz: Glauben Sie noch an gute Feen? Wenn Sie mit einem „Jein" antworten, stehen Sie mit Ihrer Meinung keineswegs allein da. Repräsentativen Umfragen zufolge hält die Mehrzahl der Westeuropäer die Existenz überirdischer Wesen, unter anderem auch von Feen, nicht für ausgeschlossen.

Diesen zarten Geschöpfen wird nachgesagt, dass sie sich zusammen mit Elfen, Trollen und Kobolden am liebsten im Wald aufhalten. In einem dunklen Wald natürlich, in dem noch andere Wunderdinge zu finden sind wie güldene Kugeln, Herzen aus Zinn und silberne Kronen.

Schaffen Sie eine magische Zauberwaldatmosphäre für sich und Ihre Gäste, und feiern Sie ein märchenhaftes Fest bis tief in die Nacht. Wie das geht? Ganz einfach:

❀ Waldtische

Für die Tischdekoration benötigen Sie kleine Zweige, größere Äste oder Treibholzstücke, die Sie als Grundlage nutzen. Die Hölzer umschlingen Sie mit Efeu, die Zwischenräume werden mit grünen Moosballen gefüllt. Diese Basis schmücken Sie mit Blättern, Deko-Waldbeeren, Vergissmeinnicht, Veilchen und Glockenblumen. Darüber hinaus verteilen Sie über den ganzen Tisch kleine Steine und stellen Kerzen in Zinnhaltern auf.

Ein weiteres unverzichtbares Deko-Element für Zauberwaldflair sind Tischbänder aus Sizoflor in verschiedenen Erdfarben. Sizoflor ist ein zartes, von filigranen Fasern durchzogenes Vlies, das die Erinnerung an Waldboden, Flechten und Holzstrukturen weckt. Zu erhalten ist es im Bastel-, Deko- und Künstlerbedarf.

Breite Bänder aus Sizoflor um Stuhlhussen gebunden schaffen die optische Verbindung zur Tischdekoration.

Richtig märchenhaft wird es mit den passenden Symbolen: Goldene Kugeln, Herzen aus Zinn und silberne Kronen vervollständigen die gelungene Gestaltung.

♥ Glückssteine

Schön geformte Steine können Sie anstelle von Namensschildern nutzen, wenn Sie die Gästenamen mit einem wasserfesten Kalligraphiestift daraufschreiben und die Rückseite mit einem persönlichen Spruch versehen. Diese „Glückssteine" sind dann gleichzeitig Ihre Gastgeschenke.

Für eine überzeugende Waldatmosphäre muss der ganze Raum in die Dekoration mit einbezogen werden. Ideal sind kleine Bäume in Blumentöpfen, die Sie entlang der Wände aufstellen. Zu erhalten sind sie beim Mietservice, Pflanzenverleih, Messe- und Eventbedarf. Schmücken Sie die Bäume dezent mit Lichterketten sowie Sizoflorbändern und Efeu. Sie werden sehen: Die Wirkung ist einfach grandios.

Die Elfenbraut

In einem romantischen Brautkleid in Weiß mit einem langen Schleier wirkt die Braut feenhaft zart und hebt sich gut ab von den dunklen Grün- und Brauntönen der Dekoration.

Das Hochzeitsmotto erlaubt allerdings auch ausgefallene Kreationen wie ein Brautkleid im Stil von Eowyn oder Arwen, zwei großen weiblichen Figuren aus Tolkiens Welt „Der Herr der Ringe".

Charakteristisch für diese Kleider sind die langen, weit herabfallenden Ärmel. Meist sind sie aus feinen Stoffen wie Seidensamt oder Silberbrokat gearbeitet und mit edlen Borten und Glastropfenperlen verziert. Hochzeitskleider

dieser Art erhalten Sie in Shops für mittelalterliche Gewandungen und aufs Mittelalter spezialisierte Gewandschneidereien.

Ein Wort noch zur Location: Ein kleines Waldschlösschen wäre natürlich für Ihr Fest perfekt geeignet; ein angrenzender Schlosspark, den Sie zusätzlich nutzen können, das absolute Sahnehäubchen. Der kleine Park eröffnet Ihnen die Möglichkeit, abends einen Teil der Feier nach draußen zu verlegen. Dafür sollten Sie die Dekoration in Abstimmung mit dem Vermieter an das Leitthema angleichen. Lassen Sie Bäume von unten farbig anstrahlen. Sollte ein Teich vorhanden sein, könnte auch er stimmungsvoll beleuchtet werden. Lampions im Baumgeäst sorgen für magische Lichtffekte.

Eine zauberhafte Atmosphäre, in der es leichtfällt, zwischen den Stämmen Elfen, Kobolde und Feen auszumachen. Doch halt – was war das? Zwischen Büschen und Bäumen treiben sich tatsächlich seltsame Vogelgestalten, magische Baumwesen und bizarre Flügelgeschöpfe herum. Mitglieder einer Theatertruppe, die Sie vorher engagiert haben, entführen in aufwändig gestalteten Kostümen die Betrachter in die Welt der Fabelwesen. Wenn Sie Ihren Gästen vorher nichts verraten, ist die Überraschung vollkommen: Der Zauberwald lebt!

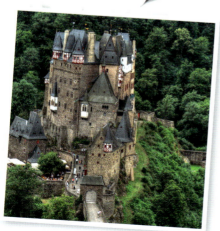

Auf

immer und ewig

Einen Menschen lieben,
heißt einzuwilligen,
mit ihm alt zu werden.

ALBERT CAMUS (1913-1960),
FRANZ. SCHRIFTSTELLER U. PHILOSOPH

Welch wunderschöne Vorstellung, auch später jemanden an seiner Seite zu wissen, der einen durch und durch kennt und mit dem man gemeinsame Erinnerungen teilt. Welch faszinierende Idee, dieses Gute aufzubauen, das mit den Jahren wächst und die Beziehung festigt.

Der Tag Ihrer Hochzeit markiert zwar nicht den Anfang, aber ein emotional ganz wichtiges Ereignis Ihres Zusammenlebens. Er ist es wert, in besonderem Maße gefeiert zu werden. Das Fest sollte etwas von dem widerspiegeln, was Sie sich als gemeinsames Lebensmotto gesetzt haben.

Die folgenden Festideen sollen Sie inspirieren und Ihnen bei der Planung Ihrer Traumhochzeit zur Seite stehen.

9 Rosige Zeiten

Ein Fest im Namen der Rose

Rosen gehören nach wie vor zu den beliebtesten Hochzeitsblumen. Dabei muss es nicht immer die rote Rose sein, die für das Fest genommen wird. Voll im Trend liegen orangefarbene Rosen mit rot auslaufenden Blütenblättern. Das Orange bringt das Rot regelrecht zum Brennen.

Die Rosenbraut

Mit einem Strauß aus rot geflammten Rosen sieht jede Braut einfach hinreißend aus. Als Hochzeitskleid könnten Sie beispielsweise ein dreiteiliges Ensemble aus champagnerfarbener Wildseide wählen, bestehend aus langem schmalen Rock, in Falten gelegtem Corsagenoberteil und kurzem Bolero. Dazu sind geschlossene Schuhe mit relativ hohem Absatz von ca. 5-7 cm empfehlenswert. Der Absatz bewirkt optisch eine Verlängerung der Beine; ein Eindruck, der durch den schmalen Rock noch verstärkt wird. Zudem erhält der Fuß durch die geschlossene Schuhform einen guten Halt. Das ist wichtig an einem Tag, an dem Sie viele Stunden auf den Beinen sein werden.

Eine schlichte und zugleich sehr edel wirkende Perlenkette passt optimal zur gradlinigen Form des Kleides. Komplettiert wird das Outfit durch einen filigranen Haarschmuck, der in die Frisur eingearbeitet wird, wie zum Beispiel kleine Perlencurlies. Das sind kleine Spiralen mit Perlenbesatz, mit denen man bei Kurzhaar- wie bei Hochsteck-frisuren wunderschöne Effekte erzielen kann. Curlies werden einfach in die Haare hineingedreht.

Damit sind wir beim zweiten großen Gestaltungsthema dieses Hochzeitsfestes angelangt: Perlen – den Kleinodien aus dem Meer.

👍 Perlen

Seit alters her werden Perlen wegen ihrer Schönheit hochgeschätzt. In der Hindukultur wurden sie als „mondhaft" angesehen und standen unter anderem für Liebe.

In China gelten sie als Zeichen für Reichtum und Weisheit und in Japan für Glück. In der christlichen Lehre sind sie das Symbol für Reinheit und Vollkommenheit.

Der tiefe Symbolcharakter, der Perlen in vielen Kulturen zugesprochen wird, zeigt, dass sie eine starke Ausstrahlung besitzen und etwas Außergewöhnliches sind. Mit ihrem zart schimmernden Glanz und ihrer runden Form harmonieren sie hervorragend mit Rosen.

Verteilen Sie cremefarbene Perlen unterschiedlicher Größe auf dem Festtagstisch, sodass es aussieht, als wären sie wie zufällig dorthin gerollt – oder, romantisch gesehen, „vom Himmel gefallen", und streuen Sie dazu einzelne Rosenblütenblätter. Der Tisch selbst ist mit weißem Geschirr und Glasvasen eingedeckt. Dadurch kommen die Blüten wirkungsvoll zur Geltung. Stumpenkerzen in verschiedenen Glasformen bringen durch ihr sanftes Licht die Perlen zum Schimmern.

Als Centerpiece zieht ein opulenter Rosenstrauß die Blicke auf sich. An Ziergräsern aufgefädelte Perlen sorgen für einen eleganten Touch. Aufgenommen wird die Perlen-Rosen-Kombination mit Glasgefäßen, in denen Perlen gemeinsam mit Rosenblüten schwimmen.

Solchermaßen vorbereitet können die Gäste eintreten. Damit sie schneller miteinander ins Gespräch kommen, lohnt es sich, ein Gästeheft vorzubereiten, das auf jedem Tisch ausliegt.

♥ Who is Who – das Gästeheft

Gerade bei einer Hochzeit, bei der zwei sich nicht bekannte Freundes- und Familienkreise zusammentreffen, ist es sinnvoll, sie einzeln einander vorzustellen. Nicht immer hat das Brautpaar genügend Zeit dafür. Ein Gästeheft ist schnell gemacht und schafft Abhilfe. Es reichen bereits einige wenige ineinandergelegte Seiten mit einem schönen Einband, beispielsweise aus Rosenpapier. Auf der ersten Doppelseite bilden Sie zunächst die Tischordnung ab und versehen jeden Platz mit einer Nummer. Auf den Folgeseiten wird jeder Gast einer dieser Nummern zugeordnet und mit einem Foto und einer Kurzbeschreibung vorgestellt.

NAME: ANNA WEBER
ANGEREIST AUS: BERLIN
BEZIEHUNG ZUM BRAUTPAAR:
FREUNDIN DER BRAUT
VERHEIRATET MIT: ANTON WEBER
HOBBY: QUERFLÖTE SPIELEN
LIEBLINGSESSEN: TIRAMISU
ARBEITET ALS: LEHRERIN

Die fertigen Seiten werden in der benötigten Anzahl kopiert oder ausgedruckt, zu Heften zusammengelegt und in die Einbände eingeschlagen.

10 Für immer Dein

Feiern mit den Symbolen der Treue

Welch ein Versprechen!
In Italien heißt es:

Liebe verlangt nach Treue
und Treue nach Beständigkeit.

👍 Eheringe

Als wichtigstes Symbol gelten die Eheringe. Sie sind bereits seit der Antike bekannt. Die Römer sahen in der Kreisform der Ringe, die keinen Anfang und kein Ende aufweist, das Zeichen für Unendlichkeit und Verbundenheit.

Ihre Ringe trugen oftmals die Inschrift: „Pignus amoris habes" – „Du hast meiner Liebe Pfand." Ein wunderbarer Satz, der auch heute zu einem Ehering passt.

Nicht überall wird der Ehering rechts getragen. In England, Holland und Frankreich beispielsweise wird er links aufgesteckt. Das hat ganz konkrete Gründe. Links ist die Seite des Herzens und somit auch die der Liebe.

Trauringe sind ein wunderbares Motiv für die gesamte Hochzeitspapeterie. Als Goldfolienprägung auf weißem Strukturkarton zieren sie alle Drucksachen von der Save-the-Date-Karte bis zur Tischnummer und Platzkarte.

Auf den Kartonagen der Gastgeschenke sind sie ebenso zu finden wie auf den Bändern der Blumendekoration. Zusätzlich liegen filigrane Deko-Eheringe, wie zufällig verstreut, um den Ehrenplatz des Brautpaares.

Machen Sie die Treue zu Ihrem Hochzeitsmotto. Ein anspruchsvolles und romantisches Thema voller subilter Symbole, Bilder und Motive. Als Erstes sind hier die Eheringe zu nennen (s. linke Spalte).

Ein weiteres Symbol für Treue ist die Taube. Ein weißes Taubenpärchen auf der Hochzeitstorte sieht einfach hinreißend aus.

Zur Torte werden Petit fours gereicht, die kleinen superleckeren Törtchen aus Frankreich, gefüllt mit Creme und Marzipan. Es gibt sie in zwei Varianten: als frische (frais) und als trockene Petit fours (sec). Unterscheiden lassen sie sich hauptsächlich durch die Glasur. Die unglasierten Törtchen werden als frisch bezeichnet. Für die Hochzeit eignen sich beide Sorten.

Kleine aufgesetzte Tauben aus Rollfondant versüßen zusätzlich den Genuss.

Wenn Sie noch Lust auf weitere Tauben für Ihr Fest haben, könnten Sie sie beispielsweise fliegen lassen. Allerdings nicht die bekannten Vertreter aus dem Tierreich, sondern weiße Heliumballons in Taubenform.
Eine zauberhafte Einlage mit Wow-Effekt!

🎁 Ballontauben

Füllen Sie kurz vor dem Auflass die Ballontauben mit Helium und verteilen Sie sie an die Gäste. Jeder Gast erhält einen Ballon. Auf ein akustisches Zeichen hin, wie beispielsweise einen Glockenton, lassen Sie alle gleichzeitig Ihre Tauben fliegen.

Und dann geschieht es: Die Ballonvögel steigen nicht wie normale Ballons zum Himmel, sondern drehen Runden, die an das Flugverhalten echter Vögel erinnern. Bei guten Wind- und Wetterbedingungen können sie durchaus mehrere hundert Kilometer zurücklegen.

Auch der Baum steht symbolisch für Treue; außerdem für das Leben, für Stärke und Beständigkeit. Mit einem außergewöhnlichen Gästebuch in Baumform greifen Sie das Treuethema zum Abschluss noch einmal auf:

❤ Memory Board: Fingerabdruck-Baum

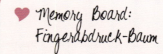

Seinen Fingerabdruck zu hinterlassen bedeutet: „Hier bin ich gewesen". Niemand sonst auf der Welt besitzt exakt Ihre Fingerlinien. Ihr Fingerabdruck ist um ein Vielfaches unmittelbarer und persönlicher als Ihre Unterschrift.

Diese Idee stand Pate für ein ungewöhnliches „Gästebuch": Ihre Lieben verewigen sich einfach mit dem Abdruck Ihrer Finger, statt darüber nachzugrübeln, was Sie Ihnen schreiben könnten. Alles, was Sie für das Fingerabdruck-Gästebuch benötigen, ist ein weißer Fotokarton in DIN A3, ein Stempelkästchen und ein Dokumentenstift.

Malen Sie den Umriss eines Baumes auf den Fotokarton.

Ihre Gäste setzen ihre Fingerabdrücke in die Laubkrone. Den freien Raum um den Baum nutzen sie für ihre Unterschrift.

Das Bild können Sie anschließend rahmen und aufhängen – ein äußerst individueller Wohnungsschmuck.

11 Zwei, die sich erlesen

Mit Goethe ins Eheglück

Wie lässt sich das Gefühl tiefer innerer Verbundenheit besser ausdrücken als mit dem Goethe-Gedicht, das der große Dichter im September 1815 an seine Liebe, Marianne von Willemer, schickte?

GINGO BILOBA

Dieses Baums Blatt, der von Osten
Meinem Garten anvertraut,
Giebt geheimen Sinn zu kosten,
Wie's den Wissenden erbaut,

Ist es Ein lebendig Wesen,
Das sich in sich selbst getrennt?
Sind es zwei, die sich erlesen,
Daß man sie als Eines kennt?

Solche Frage zu erwidern,
Fand ich wohl den rechten Sinn,
Fühlst du nicht an meinen Liedern,
Daß ich Eins und doppelt bin?

Das ist die ursprüngliche Fassung des Goethe-Gedichts. Bewusst lässt er das harte „K" aus dem Wort „Ginkgo" entfallen und verstärkt durch gezielt gesetzte Großschreibung die dem Gedicht zugrundeliegende Aussage.

Der Ginkgo wurde nicht nur von Goethe als Symbol innerer Nähe gesehen. In Japan werden Ginkgosamen beim Hochzeitsmahl verzehrt. Das zweigeteilte Blatt wird hier mit dem Symbol des Yin und Yang in Verbindung gebracht; also grob gesagt der Vorstellung zweier polarer Aspekte, die einander benötigen. Niemals kann eines von ihnen allein existieren.
Welch wunderbares Hochzeitsmotiv.

Ginkgo-Blätter gibt es als Deko-Aufkleber in unterschiedlichen Größen zu kaufen. Einfach abziehen und auf Einladungskarten, Tisch- und Menükarten, Getränkekarten und die Anhänger für Gastgeschenke kleben.

Darüber hinaus sind Ginkgo-Blätter als Wand-Tattoos erhältlich. Die Blattmotive sind vorgeschnitten auf selbstklebender, einfarbig grüner PVC-Folie aufgebracht. Sie lassen sich auf allen

fett- und staubfreien Oberflächen anbringen, also auf Wänden, Fensterscheiben, Spiegeln, Sektgläsern und Weinflaschen. Auch das Hochzeitsauto kann mit ihnen verziert werden – und, weil's so schnell und einfach geht, die Autos des gesamten Hochzeitskorsos gleich mit. Wichtig zu wissen: Nach Gebrauch können die Blätter rückstandsfrei wieder abgezogen werden.

Das frische Frühlingsgrün der Ginkgo-Blätter zieht sich durch das gesamte Gestaltungskonzept und wird in der Tischdekoration wieder aufgenommen. An und auf festlich in Weiß eingekleideten Tischen und Stühlen bringen zartgrüne Schleifenbänder und Organza-Overlays, auch als Zier- oder Kaffeedecken bekannt, eine wunderbare Leichtigkeit ins Spiel.

Im Zentrum der runden Tische liegt jeweils eine Blumenkugel aus weißen Chrysanthemen auf einem silbernen Platzteller. Blumenkugeln waren bereits im Mittelalter bekannt. Im viktorianischen Zeitalter erlebten sie ihre erste große Blütezeit. Heute feiern sie als „Kissing Balls" ein furioses Comeback. Es ist ihre vielfältige Einsetzbarkeit, die sie zu unwiderstehlichen Deko-Elementen macht. Man kann sie beispielsweise hintereinander aufgereiht auf lange Stäbe stecken und erhält ein Spalier. An Bändern aufgehängt, schmücken sie Stuhllehnen und Kirchenbänke. Und als kugelrunder Hochzeitsstrauß ist ein Kissing Ball ein absoluter Hingucker. Der hier gezeigte Chrysanthemen-Ball ist im Übrigen genauso gearbeitet wie die Blumenkugeln auf den Tischen.

♥ Kissing Ball als Brautstrauß

Das benötigen Sie:

> 1 Steckschaumkugel aus Nass-Steckschaum, Ø 15 cm
> weißes Satinband, ca. 10 cm breit, 60 cm lang
> weiße Chrysanthemen
> Blumendraht, 36 cm
> Messer
> Wassereimer

So wird's gemacht:

1. Legen Sie die Steckschaumkugel in den mit Wasser gefüllten Eimer, bis sie zu Boden sinkt. Die Kugel danach herausnehmen und abtropfen lassen.

2. Den Blumendraht zur U-Form biegen und mit der Schlaufe nach oben in die Kugel stecken. Den Draht ganz durchstechen und die herausstehenden Enden umbiegen. Das Satinband durch die Schlaufe ziehen und verknoten.

3. Die Blumenstängel auf 2 cm Länge kürzen und in die Kugel stecken. Dabei an einer Seite der Kugel mittig eine Blüte einstechen und kreisförmig weiterarbeiten, bis die Kugel bis zur Hälfte bedeckt ist. Die andere Kugelhälfte ebenso mit Blüten bestecken.

12 Alte Liebe

Nostalgie pur

Sie haben sich nach langer Zeit wieder-getroffen – sich verliebt – sich verlobt – und wollen nun heiraten? Oder: Sie sind bereits länger zusammen und finden es wichtig, sich jetzt auch öffentlich zueinander zu bekennen? Oder: Sie haben einfach nur das Gefühl, sich bereits seit Urzeiten zu kennen, unabhängig davon, wann Sie einander tatsächlich das erste Mal begegnet sind?

Gründe, um am Tag der Hochzeit von „alter Liebe" zu schwärmen, gibt es mehr als genug. Besonders schön, wenn der Ort der Feier dann auch den Namen des Festtitels trägt. „Alte Liebe" heißen diverse Event-Hausboote und Restaurantschiffe. Vielleicht ankert eines von ihnen ja auch in Ihrer Nähe. Andernfalls eignen sich romantisch gelegene Festorte wie ein Waldrestaurant oder ein Seeschlösschen für Ihre Feier.

Platz für alle

Wichtig ist nur, dass der Raum groß genug ist für alle Ihre Gäste und es Platz für eine Spieleecke gibt, in dem die anwesenden Kinder betreut werden können. Bereits ab drei bis fünf Kindern ist es sinnvoll, sich um deren Beschäftigung Gedanken zu machen. Ein Betreuer, der die Kleinen mit Bastel- und Spielaktionen unterhält, ermöglicht es den Eltern, Ihr Fest voll und ganz zu

genießen. Das kann eine gute Bekannte aus dem erweiterten Freundeskreis sein, die nicht zur Feier geladen ist, oder eine professionelle Kinderpflegerin, die sich auf Feste spezialisiert hat.

Außerdem sollte der Raum „Flair" besitzen – dieses schwer zu bestimmende Gefühl: „Hier ist es schön. Hier kann ich es mir vorstellen zu feiern." Bei einem Hausboot ist das sicher leichter gegeben als bei einem Hotelrestaurant oder einer Gaststätte. Achten Sie neben der Bestuhlung auch auf Wände und Decken. Ist die Beleuchtung angenehm einstellbar? Funktioniert die Elektrik? Welche Dekorationen sind erlaubt?

Kärtchen und Karten – höchst romantisch

Wenn Sie Ihre Herzenslocation gefunden haben, geht's ans Planen. Save-the-Date-, Einladungs- und Danksagungskarten müssen ausgesucht und bestellt werden, dazu passend Platz- und Menükarten und eventuell Geschenkanhänger für die Gastgeschenke. Dem Hochzeitsthema entsprechend sind dezente Sepiakarten angebracht. Sepia ist der Farbton, den die alten Schwarz-Weiß-Fotografien aus den zwanziger Jahren des letzten Jahrhunderts im Laufe der Zeit angenommen haben. Auch Karten in Spitzenoptik sind schön oder gar Karten, die an ein Schiffsbillet erinnern.

Wie sieht die Tischdekoration aus?

Gehen Sie bei Ihrer Planung vom Centerpiece aus, dem dominierenden

Gestaltungselement in der Tischmitte. Hier ist es ein zauberhaftes Rosenherz in Rosé, das die Farbstimmung festlegt. In den locker über den Tisch verteilten Gläsern mit Minigebinden aus Rosen und Schleierkraut wird es wieder aufgenommen.

Den letzten Schliff erhält die Dekoration durch die schlichten Stumpenkerzen, die einfach in kleine Gläser gesetzt wurden. Kerzenlicht ist ein Muss für dieses nostalgisch-romantische Leitthema. Es taucht den ganzen Raum in warmes Licht mit einem erhöhten Rotanteil. Dieser bewirkt, dass alle Farben aus dem warmen Farbspektrum intensiver leuchtend wahrgenommen werden, während diejenigen aus dem kalten Spektrum blasser erscheinen. Tipp: Schauen Sie sich, wenn es irgendwie möglich ist, die Blumen und Dekorationsartikel, die Sie für Ihre Tisch- und Raumgestaltung wählen, vorher bei Kerzenlicht an. Sie haben dann eine ganz andere Wirkung.

Damit das Gesamtbild stimmig ist, sollte der Brautstrauß aus den gleichen Blumen gebunden werden, wie sie für das Centerpiece verwendet wurden. Aus Rosen, Hortensien und Schleierkraut lässt sich ein bezauberndes Biedermeiersträußchen anfertigen, um das Sie alle weiblichen Hochzeitsgäste beneiden werden.

♥ Rosenherz

Das benötigen Sie:

> Rosen in Rosé
> Hortensien
> breite Blätter für den Randabschluss
> Nass-Steckschaum in Herzform
> flacher Glasteller

So wird's gemacht:

1. Den Steckschaum ins Wasser legen und sich vollsaugen lassen.

2. Dann die Pinholder auf dem Glasteller fixieren. Das Steckschaum-Herz auf die Pinholder stecken.

3. Die Rosen und die Hortensien kürzen und das Schleierkraut zu kleinen Büscheln schneiden.

4. Zuerst die Rosen mittig oben entlang der Herzform in den Steckschaum drücken. Anschließend die Hortensien beidseitig einstecken. Die Zwischenräume mit Schleierkraut füllen. Die Blätter einmal umschlagen und seitlich in den Steckschaum drücken.

👍 Hoch, höher, Hochzeitstorte

Das zweite Highlight Ihrer Tischdekoration ist zweifellos die Hochzeitstorte, die Königin aller Tortenvariationen. Von drei- bis fünfstöckig werden wahrhafte Traumgebilde angeboten, die allesamt fast zu schade zum Anschneiden sind.

Diese hier gehört zu den selbsttragenden Hochzeitstorten (weil sie ohne Etagere auskommt) in Stufenform. Sie wurde mit kleinen Marzipanrosen, die sich farblich an das Centerpiece anpassen, verziert. Zudem ist sie dreistöckig – und das hat einen christlichen Hintergrund: Die einzelnen Etagen symbolisieren die drei Abschnitte des kirchlichen Lebens: Geburt, Kommunion beziehungsweise Konfirmation und Hochzeit. – Ein Genuss mit tiefer Bedeutung.

Was trägt die Braut?

Zu sagen, dass das Outfit der Braut zur Tischdekoration passen muss, wäre schlichtweg ungalant. Natürlich überstrahlt die Braut alles, und deshalb ist es schön, wenn sie sich optisch in die Gesamtkomposition einfügt. Ein Kleid aus Spitze, mit Stickereien veredelt, in einem 30er-Jahre-Schnitt machen Ihren Auftritt perfekt. Dazu wird ein kleiner Hut mit passenden Handschuhen getragen. Das ist jedoch nicht alles. Wer möchte, webt in das Hochzeitskleid Wünsche und Hoffnungen für das zukünftige Eheleben mit ein:

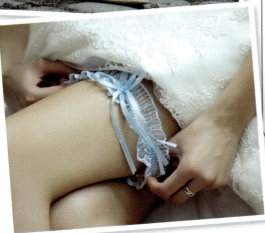

👍 Something old …

„Something old, something new, something borrowed, something blue and a lucky six-pence in your shoe." Oder auf Deutsch: „Etwas Altes, etwas Neues, etwas Geliehenes, etwas Blaues und einen Glückspfennig im Schuh."

Dieser Satz beschreibt einen englischen Brauch aus dem 19. Jahrhundert, der über einen Sprung in die USA mittlerweile auch bei uns als total angesagt gilt:

Etwas Altes steht für das bisherige Leben der Braut und wird beispielsweise durch ein altes Schmuckstück dargestellt.

Etwas Neues symbolisiert das Eheleben wie etwa das neue Brautkleid.

Etwas Geliehenes steht für Freundschaft und soll Glück in der Ehe bringen. Üblicherweise leiht sich die Braut etwas Kleines, Handliches von ihrer Freundin, das sie den ganzen Tag über bei sich tragen kann, wie zum Beispiel ein besticktes Taschentuch.

Etwas Blaues symbolisiert die Treue. Ein Klassiker ist hier das blaue Strumpfband.

Ein Glückspfennig im Schuh bringt zukünftigen Wohlstand.

Damit ist dann wohl das Wichtigste abgedeckt. An was soll es dem Brautpaar jetzt noch mangeln?

Am siebenten

Himmel

*Soweit die Erde
Himmel sein kann,
soweit ist sie es in einer
glücklichen Ehe.*

MARIE VON EBNER ESCHENBACH (1830-1916),
ÖSTERR. SCHRIFTSTELLERIN

Sie wollen heiraten. Sie sind sich ganz sicher! Sie wollen es, weil Sie davon ausgehen, dass das augenblickliche Glücksgefühl anhalten oder sich sogar noch steigern wird.
Ihre Hochzeit soll etwas ganz Besonderes werden. Ein Fest, an das man sich noch lange erinnern wird.

Also feiern Sie wie ein Traumpaar: im Schlossgarten oder im Herrenhaus. Mit Silberleuchtern, rotem Teppich und einem Hoffotografen. Laden Sie sich liebe Gäste ein, mit denen Sie Ihr Glück teilen möchten. Genießen Sie Sekt mit Zitronensorbet und lassen Sie einen Magier auftreten.

Es gibt so viele Möglichkeiten, romantisch zu feiern. Auf den folgenden Seiten werden vier davon vorgestellt, damit Sie Ihre Hochzeit planen und auch schon einmal vorträumen können.

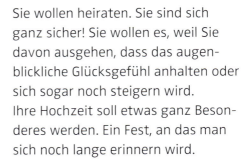

13 *Ja, wir wollen!*
Symphonie in Blau

Was Sie getan haben, steht für alle Gäste sichtbar in Großbuchstaben auf dem Festtagstisch: Ja, Sie wollen Ihr zukünftiges Leben miteinander verbringen. Und Sie freuen sich darauf!

Die blauen Hortensien drücken sinnbildlich Ihr Urvertrauen ins gemeinsame Glück aus. Blau steht für Treue, Verlässlichkeit und Schutz. Es ist die Farbe der Seele und des Gefühls. Hortensien werden als Symbol für beständige Liebe angesehen. Ein perfektes Leitmotiv für Ihr Fest!

Im Brautstrauß harmonieren sie mit Rosen und Chrysanthemen, aber auch mit Dahlien, Wicken oder Gräsern. Selbst ein Hochzeitsstrauß, der nur aus Hortensien gestaltet wurde, macht sich bestens.

Im Übrigen lassen sich Hortensien gut trocknen, sodass Sie Ihren Brautstrauß über Jahre hin aufbewahren können.

Ihre Einladungskarten erhalten durch eine Verzierung mit selbstgetrockneten Hortensienblättern den letzten Schliff. Dasselbe gilt für Ihre Menü- und Platzkarten. Einfach mit Hortensienblättern dekorieren, und schon haben Sie Ihr Hochzeitsthema wieder aufgegriffen.

Für die Tischdekoration stellen Sie einfach einen Strauß Hortensien in einer Glasschale in die Tischmitte. Durch seine üppige Fülle benötigt er keine

weitere Zutat, um als Centerpiece das Bild zu bestimmen. Weißes Geschirr auf weißem Holztisch bringt das Blau der Blütendolden hervorragend zur Geltung.

Auf weißen Servietten blühen einzelne Hortensienblüten, farblich exakt passend mit einem blauen Satinband zusammengehalten.

Die Hochzeitstorte wird, um eine Ebene erhöht, auf einem Tortenteller mit Fuß angeboten. Das hebt sie ins Blickfeld und steigert die Vorfreude. Statt mit einer opulenten dreistöckigen Torte überzeugen Sie hier mit Exklusivität und exzellentem Geschmack. Eine Heidelbeertorte haben sicher längst nicht alle Ihre Gäste bereits probiert. Und nicht zuletzt greifen die Heidelbeeren die Farbe der Hortensien wieder auf.

Zur Torte werden Push-up-Cakepops gereicht, kleine Schichttörtchen aus Rührkuchen, Creme, Frosting und Früchten. Natürlich auch wieder in Blau gehalten. Sie werden im Glas serviert und geben so den Blick auf ihren leckeren Inhalt frei.

 Heidelbeertorte

Zutaten

1 Wiener Boden, dreiteilig
500 g Mascarpone
500 g Quark
1 EL Milch
1 Päckchen Vanillezucker
5 EL Zucker
2 EL Rum
500 g Heidelbeeren (frisch oder TK)
50 g Mandelbättchen, geröstet

Zubereitung

Den Mascarpone mit dem Quark verrühren. Milch, Vanillezucker, Zucker und Rum dazugeben und 400 g Heidelbeeren unterheben.

Ein Viertel der Masse auf dem ersten Wiener Boden verteilen, den zweiten Boden darauflegen und das zweite Viertel der Heidelbeermasse auftragen. Den dritten Boden auflegen und nochmals mit einem Viertel Heidelbeercreme bestreichen. Den Rest der Creme auf den Tortenrand auftragen.

Die restlichen Heidelbeeren auf der Torte verteilen. Zum Schluss die Torte mit den gerösteten Mandeln garnieren.

Ja, und zum Schluss fehlen nur noch die 3D-Buchstaben zum Hinstellen:

👍 Deko-Buchstaben

Sie sind ein absoluter Hingucker und liegen voll im Trend. Für die Hochzeit bietet sich die Kombination von J und A natürlich besonders an. Einfach nebeneinander auf den Hochzeitstisch gestellt, setzen sie sofort einen stylischen Akzent.

Für den Outdoorbereich gibt es sie unter anderem aus Styropor, Styrodor und Holz. Wunderschön sehen auch Grasbuchstaben aus oder Buchstaben mit Sandbeschichtung.

14 Sonnige Aussichten

Gelb – die Farbe der Heiterkeit und der Lebensfreude

Die Hochzeitsfarbe Gelb ist die Farbe der Sonne. Sie strahlt Wärme aus, Heiterkeit und Freude. Zudem wirkt sie belebend, erfrischend und freundlich. Symbolisch steht Gelb für Sanftmut und Glück und als Farbe des Lichts für Erkenntnis und Weisheit.

Ihre Verwandtschaft zu Gold lässt darauf schließen, dass dieser Farbe die Festlichkeit im Blut liegt. Doch im Gegensatz zum schweren Gold ist Gelb von heiterer Leichtigkeit durchdrungen. Im Zusammenspiel mit der Farbe Weiß verstärkt sie ihre positiven Eigenschaften und vermittelt das Gefühl von Lebensfreude.

Gelb sorgt für ein entspanntes Ambiente, öffnet die Sinne und unterstützt die Bereitschaft zur Kommunikation. Kein Wunder, dass es sich zur Trendfarbe entwickelt hat, die gerne zu feierlichen Anlässen wie Hochzeiten verwendet wird.

Sonnentische

Um möglichst viele Gäste in einem Festsaal unterzubringen, werden die Tische oft in Längsreihen aufgestellt. Die Tischwäsche ist meist weiß. Das sind Bedingungen wie geschaffen für eine Sonnenhochzeit.

Geraffte Tischläufer aus safrangelbem Dekotaft unterstützen optisch die Längsform der parallel nebeneinander aufgestellten Tischreihen und lockern sie gleichzeitig auf. Dekotaft-Tischläufer können Sie mieten. Am besten einen Hochzeitsausstatter fragen oder übers Internet ordern.

♥ Gelbe Glamelie

Glamelie ist eine Wortschöpfung aus Gladiole und Kamelie. Aus den Blättern der Gladiolenblüte wird eine große Blütenform nach dem Vorbild der Kamelie nachgebildet. Daneben können auch andere Blumen wie Rosen oder Lilien für die Kunstblüte verwendet werden. Jedes einzelne Blütenblatt wird verdrahtet und stufig zu einer kugelförmig geschlossenen Einzelblüte zusammengelegt. In Sonnengelb passt sie perfekt zum Hochzeitsmotto. Verziert wird die Blüte mit Pailletten-bändern und Perlen. Den Abschluss des Straußes bilden lang herabfließende Organzabänder mit Goldkante. Da-durch wird gestalterisch die optische Verbindung zum Kleid der Braut geschaffen – einfach formvollendet!

Die safrangelben Stoffservietten werden einfach gerollt. Um den luftig-leichten Eindruck noch zu verstärken, können sie zusätzlich mit einer hellgelben Banderole aus Karton versehen werden, um die ein safrangelbes Organzaband geschlungen und einmal verknotet wird. Die Enden hängen lose über den Tellerrand.

Hellgelbe Papierservietten stecken zur Tüte gerollt in den Gläsern und wirken wie heitere Fähnchen.

Wer möchte, stellt in der Tischmitte Blumen dazu in Abständen von zwei Gedecken. Einfache Margeriten mit Schleierkraut in schlichten weißen Vasen lockern die zarte Tischdekoration auf, ohne schwer zu wirken.

Die Stuhlhussen werden mit Schleifenband in Hell- und Safrangelb umschlungen und auf der Rückseite einmal großzügig verknotet. Auch Stuhlhussen-Schleifenband gibt's zu mieten. Alles bereit? Dann können die Gäste kommen.

🍏 Sekt mit Zitronensorbet

Das Sorbet einige Minuten vor dem Servieren bei Zimmertemperatur auftauen lassen. Mit dem Eisportionierer kleine Kugeln entnehmen, in die Sektgläser verteilen und mit Sekt, Prosecco oder Champagner aufgießen. Mit einer Zitronenscheibe und einem frischen Minzblatt garnieren. Eisgekühlt servieren.– Hmmm!

Als Willkommensgetränk zum Empfang bieten sich aus farblichen Aspekten (Gelb!) die „Klassischen Drei" an: Sekt, Orangensaft und Sekt mit Orangensaft. Für Abwechslung sorgen Sie mit einem vierten Getränk: Sekt mit Zitronensorbet. Gerade an heißen Sommertagen ist diese prickelnde Mischung der beste Einstieg in eine gelungene Feier. Schmeckt erfrischend fruchtig und wirkt angenehm anregend.

Auch Sie als Brautpaar sollten Ihre Hochzeitsfarbe in das Styling mit einfließen lassen. Er könnte eine gelbe Reverscorsage tragen, und sie glänzt im weißen Brautkleid mit einem extravaganten Hochzeitsstrauß: einer gelben Gamelie. Das ist ein Strauß, der wie eine einzige supergroße Blüte aussieht – höchste Floristenkunst!

15 Wir lassen bitten

Stilvolles Fest im Schloss

Funkelnde Kristallleuchter, samtene Vorhänge, eine mehrstöckige Hochzeitstorte und ein fürstliches Menü – zumindest einmal im Leben sollte man sich solch ein exklusives Fest in wahrhaft königlichem Ambiente gönnen. Welcher Anlass bietet sich besser dafür an als die Hochzeit?

Die meisten Schlösser stellen einzelne Säle für Feierlichkeiten bereit, viele von ihnen haben sich auf Hochzeitsgesellschaften spezialisiert.

Nutzen Sie dies, um zu überlegen, wie Sie Ihr Hochzeits-Schlossfest so gestalten, dass es genau Ihren Wünschen entspricht.

Roter Teppich

Wie wäre es mit ein wenig erhebendem Adelsgefühl gleich zu Beginn? Lassen Sie einen roten Teppich vor dem Schlosseingang auslegen (eventuell übers Schloss zu erhalten, sonst gibt's ihn zu mieten). Bei Ihrer Ankunft schreiten Sie mit Ihren Gästen einzeln oder paarweise über den hochherrschaftlichen Flor und werden dabei von dem eigens hierfür engagierten Hoffotografen aufs „Korn genommen". Und das im wahrsten Sinne des Wortes.

Hoffotograf - einmal anders

Der professionelle Lichtbildner bemüht sich außerordentlich, jeden einzelnen Teilnehmer der Hochzeitsgesellschaft optimal ins Bild zu setzen. Er steigt auf Leitern, legt sich auf den Teppich, erzählt etwas von VIP-Event, Tabletop und Close-up-Shooting und bringt alles herrlich durcheinander. (Sogenannte Paprazzifotografen sind übers Unterhaltungskünstlerverzeichnis Ihrer Stadt oder über einen Hochzeitsservice zu erfragen.)

In bester Stimmung betreten Sie zusammen mit Ihren Gästen sodann den festlich erleuchteten Saal. – Welch ein Anblick! Edler Brokat, barocker Stuck, silberne Lüster soweit das Auge reicht.

❀ Königliche Tischdekoration

Schlosssäle bieten meist bereits den passenden Rahmen mit edlem historischen Ambiente, sodass Sie sich nur noch um die dazu passende Tischdekoration kümmern müssen.

Hier gilt: Alles nur vom Feinsten. Tafelgeschirr aus gutem Porzellan, altes Silberbesteck und Stoffservietten sind ein Muss. Die weiße Tischdecke aus feinstem Damast, mit kunstvoll gerafften Skirtings an den Seiten bietet die perfekte Grundlage für die Farbsymphonie Königsblau, Gold und Silber, die durch dezenten Blumenschmuck in Rot, Lachs und Rosé aufgelockert wird. Die blauen Tischkerzen auf den hohen, mehrarmigen Silberleuchtern nehmen die Farbe des Skirtingbandes wieder auf und tauchen den Raum zusammen mit den Kristallleuchtern an der Decke in warmes Licht.

Zugegeben: Ein derart edles Ambiente ist keine leichte Vorgabe für das Hochzeitspaar, um seinen eigenen Auftritt und das eigene Styling darauf abzustimmen. Die Braut kann in Weiß oder Champagner erscheinen. Ein langes Kleid im Barockstil wäre ideal. Dazu ein Schleier – mit Schleppe?

Dem Bräutigam stehen für die Wahl des Outfits weniger Möglichkeiten offen als der Braut. So manch einer fühlt sich in einem hochfestlichen Anzug fremd und unsicher. Einen Ausweg, elegant und trotzdem bequem gekleidet aufzutreten, bietet die Auswahl des Binders. Wenn Sie sich statt für eine Krawatte oder Fliege für ein Plastron entscheiden, beweisen Sie stilsicher Ihren Sinn für das Außergewöhnliche. So liebevoll vorbereitet wird Ihre Hochzeitsfeier zum stilechten Genuss. Vorzügliches Essen, erlesene Weine, anregende Gespräche – besser geht's einfach nicht.

👍 Das Plastron

Das Plastron ist der Vorläufer der Krawatte, ein kurzer, breiter, meist weißer Binder, auch Ascotkrawatte oder Krawattenschal genannt. Traditionell wird er heute noch im Reitsport oder bei festlichen Vormittagsanlässen zum Cutaway getragen.

Bei Hochzeiten kann er zum klassischen Dreiteiler (Jackett, Hose und Weste) getragen werden. Alternativ ist auch ein einreihiger schwarzer Hosenanzug mit farblich zum Plastron abgestimmter Weste, kombiniert mit passendem Einstecktuch, möglich.

Dazu wird ein Hemd mit Haikragen getragen. Schwarze Glattlederschuhe mit Ledersohle und ebenfalls schwarze Kniestrümpfe runden das Bild ab.

Das Plastron müssen Sie nicht selbst binden. Mittlerweile sind vorgebundene Plastrons, die mit Knöpfen oder Klettverschluss im Nacken zu schließen sind, üblich.

Perfekt wird Ihr gemeinsamer Auftritt als Hochzeitspaar, wenn sich die Braut ihre Schuhe mit dem Westenstoff des Bräutigams beziehen lässt.

16 Magische Momente

Ein Hochzeitstraum wird wahr

Wenn Sie vorhaben, viele Gäste einzuladen und Ihre Hochzeit im großen Stil zu feiern, dann ist diese Festidee genau das Richtige für Sie: Verzaubern Sie sich und Ihre Gäste mit einem wahren Traumfest, das mit einer Prise Magie gewürzt ist.

Wie das geht? Zunächst einmal brauchen Sie die geeignete Location, die den stimmungsvollen Rahmen für Ihre Feier bietet. Ein Festraum in einem bewirtschafteten Herrenhaus oder einem Schlosshotel wäre natürlich optimal, ebenso gut lässt sich aber auch ein Saal in einer Eventhalle oder einem denkmalgeschützten Fabrikgebäude nutzen.

Traumtische

Lange Tische, weißgedeckt, bieten die Grundlage für Ihre „traumhafte" Tischdekoration. Ordnen Sie Sträuße aus bordeauxroten Rosen mit Lavendelzweigen auf glänzenden Silbertabletts längs der Tischmitte an, und stellen Sie kleine Kerzen im Glas aus Transparentwachs dazwischen. Mit Bordeauxrot auf Silber setzen Sie einen höchst markanten Akzent, oder anders gesagt: das wirkt! Wenn zu später Stunde die Saalbeleuchtung gelöscht und die Glaskerzen angezündet werden, spiegeln sich ihre Lichter in den Silbertabletts wider, ein zauberhafter Effekt, der durch das Transparentwachs noch verstärkt wird. Wer möchte, verteilt zudem kleine Spiegelherzen auf der Tischdecke. Zwischen den Tabletts stehen hohe einarmige Leuchter, die zusätzlich für warmes Licht von oben sorgen.

Traumpaar

Als Brautpaar sind Sie natürlich in das Gesamtstyling mit eingebunden. Das ist gar nicht so schwierig, wie Sie vielleicht denken. Der Bräutigam bleibt beim klassischen schwarzen dreiteiligen Anzug. Seinen Bezug zum Farbthema zeigt er mit einem kleinen Hochzeitsanstecker in Bordeauxrot und einer gleichfarbigen Weste.

♥ Hochzeitsanstecker

Das benötigen Sie:

> Dekoblüte in Dunkelrot
> Pfauenfeder
> Corsagen-Anstecker
> Satinband in Weiß

So wird's gemacht:

1. Den Stiel der Dekoblüte auf ca. 5 cm kürzen.

2. Die Pfauenfeder bis an die Spitze von den Federästen an der Innen- und Außenfahne befreien und den Kiel ebenfalls auf 5 cm abschneiden.

3. Die Blüte über der Pfauenfeder anordnen, den Corsagen-Anstecker auf der Rückseite hinzufügen und die Stiele fest mit dem weißen Satinband umwickeln.

🎁 Sanfte Magie

Jetzt muss nur noch die Magie hinzukommen – und das exakt im Sinn des Wortes: Engagieren Sie einen Zauberer, der Sie in das Reich des Übersinnlichen entführt. Das Ambiente ist wie geschaffen dafür. Lassen Sie sich zeigen, wie Münzen von unten nach oben fallen, Geldscheine vor Ihren Augen den Wert verwandeln und Bälle aus dem Nichts erscheinen und wieder verschwinden. Am besten nicht darüber nachdenken, wie es funktioniert, sondern einfach nur staunen. Vielleicht zaubert der Magier dann noch weiße Tauben hervor oder lässt einen Hochzeitsgast schweben. Und wenn er zum Schluss noch eine der Bordeaux-Rosen auf dem Tisch zum Leuchten bringt, ohne sie zu berühren, ist ihm ein stürmischer Applaus sicher.

Die Braut glänzt in einem mädchenhaften weißen Spitzenkleid. Im hochgesteckten Haar trägt sie einen doppelreihigen Perlenkranz, an dem der schulterlange weiße Schleier fixiert ist, den sie über das Gesicht gezogen trägt. In früheren Zeiten sollte der Schleier die Braut am Tag ihrer Hochzeit vor bösen Dämonen und Geistern beschützen, die es dann besonders auf sie abgesehen hatten. Erst um Mitternacht wurde er beim Schleiertanz entfernt.

♫ Schleiertanz

Die Braut steht allein mitten auf der Tanzfläche und löst die Haarnadeln vom Schleier, damit die Frisur bei der anschließenden Aktion keinen Schaden nimmt. Dann beginnt sie zu langsamer, gefühlvoller Musik zu tanzen, die allmählich schneller wird. Die unverheirateten weiblichen Gäste gesellen sich zu ihr und versuchen, Stücke des Schleiers abzureißen. Der Vorstellung nach soll jedes Schleierstück einen Teil des Glücks der Braut auf die Besitzerin übertragen. Wer das größte Stück erhascht, wird als nächste heiraten. Wenn der gesamte Schleier abgezupft ist, stoppt die Musik und die Gäste verlassen die Tanzfläche. Der Bräutigam geht langsam auf seine Braut zu und küsst sie innig. Nun ist sie nach alter Sitte zur Ehefrau geworden.

Wenn das kein magischer Moment ist!

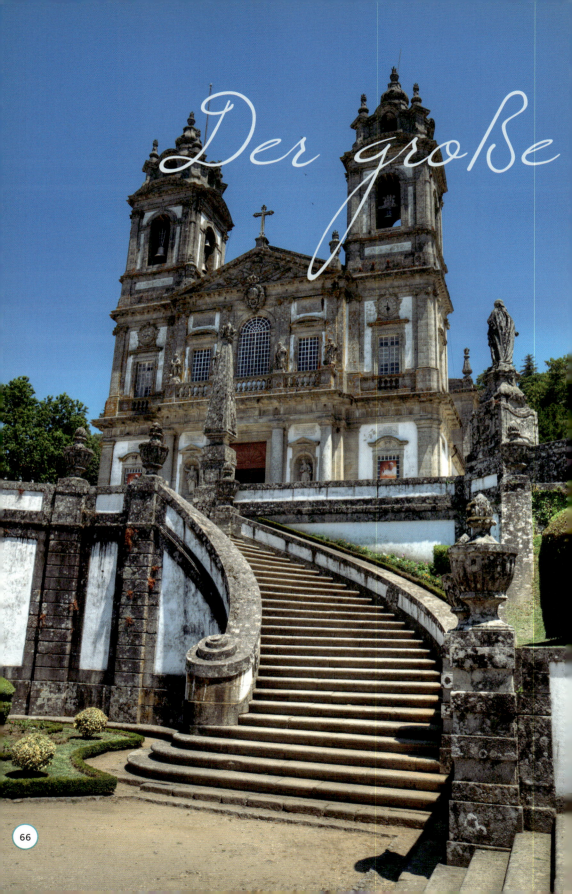

Der große

Auftritt

Liebe ist ein privates Weltereignis.

ALFRED POLGAR (1875-1955),
ÖSTERR. SCHRIFTSTELLER

Dem kann jeder nur zustimmen, der jemals verliebt war. Und weil außergewöhnliche Ereignisse auch außergewöhnliche Maßnahmen erfordern, sind viele Brautpaare zu Recht der Meinung, dass sich ihre Hochzeit abheben soll von allen andern festlichen Veranstaltungen.

Ein prunkvolles Rokokoschloss, eine ehemalige Klosteranlage oder ein gepflegter Bellevuegarten bieten das Ambiente, das Ihrer Feier angemessen ist. Wie in diesem Rahmen ein opulentes Fest gestaltet werden kann und was es vorher alles zu beachten gibt, darüber erfahren Sie auf den nächsten Seiten mehr.

Lassen Sie sich verführen vom Zauber der prachtvollen Anwesen, in denen noch das luxuriöse Lebensgefühl des Adels zu spüren ist, der einst in ihnen weilte.

67

17 Heiraten de luxe

Ein besonderer Rahmen für einen besonderen Tag

Liliensaal, Fürstenstube, Grüner Saal oder Dreisäulenhalle heißen die exklusiven Räume der Renaissance-, Barock- oder Klassizistikschlösser, in denen Sie Ihr rauschendes Hochzeitsfest feiern. Keine moderne Eventlocation kann dieses ganz besondere Flair aus stilvoller Eleganz und heiterer Ungezwungenheit bieten. Das bewirkt nur ein echtes Schloss.

Mit hauseigenem Standesamt, Kapelle und Parkanlage sind die Schlösser zudem oftmals so ausgestattet, dass Sie Ihre gesamte Hochzeit von der Trauung über den Sektempfang bis zum Mitternachtsimbiss dort ausrichten können. Manche von ihnen bieten ein sogenanntes Wedding Package an, das Sie zumindest als Basisprogramm nutzen können. Klären Sie, ob es möglich ist, darüber hinaus auch Sonderwünsche anzubringen.

Ihr Fest könnte dann zum Beispiel wie folgt ablaufen:

> Trauung in der Schlosskapelle und/oder dem hauseigenen Standesamt

> Sektempfang im Park

> Kaffeetafel im Gartensaal mit Anschneiden der Hochzeitstorte

> Fotoshooting am See des Parkes

> Abendessen im Liliensaal

> Festausklang: Überraschung

Ein Programmpunkt, der gerne vernachlässigt wird, ist das Ausfüllen des Gästebuchs. Vielen Gästen fällt es schwer, ein passendes Zitat oder einen eigenen bedeutungsvollen Satz in das Erinnerungsbuch zu schreiben. Dabei ist es zu einem einmaligen Ereignis wie einer Hochzeitsfeier besonders wünschenswert, möglichst viele Einträge zu erhalten.

 Gästebuch mit Fragebogen

Erleichtern Sie Ihren Gästen die Aufgabe, einen persönlichen Gruß zu hinterlassen, indem Sie für jeden Gast ein Blatt vorbereiten, auf dem Fragen stehen. Auf dem Kopf der Seite lassen Sie ein Feld für ein Foto des Gastes frei, das Sie später einkleben. Am unteren Rand bleibt Platz für die Unterschrift. Die Einzelseiten fügen Sie später zusammen und lassen sie zu einem Buch binden.

Vorschläge für Gästebuch-Fragen:

Wie lange kennst Du das Brautpaar?

Wo habt Ihr Euch kennengelernt?

Welches „Rezept" hast Du für eine gute Ehe?

Welcher Moment der heutigen Feier wird Dir besonders in Erinnerung bleiben?

Warum passen X und Y gut zusammen?

Welchen Tipp hast Du für die nächste Urlaubsreise des Brautpaares?

Welches war Dein schönstes Erlebnis mit den beiden (oder einem von beiden) Frischvermählten?

Was wünschst Du dem Brautpaar am meisten?

Solch ein opulentes Fest braucht einen standesgemäßen Abschluss. Beenden Sie es mit einem symbolischen Paukenschlag: Das, was unter dem Programmpunkt „Festausklang" als „Überraschung" angekündigt wurde, könnte ein Barockfeuerwerk im Schlosspark sein – ein wahrhaft königliches Feuerwerksspektakel!

Mit einem Barockfeuerwerk erwecken Sie längst vergangene Zeiten des Schlosses wieder zum Leben und tauchen das Gelände in eine märchenhafte Stimmung.

 **Barockfeuerwerk**

Barockfeuerwerke waren zwischen dem 16. und 18. Jahrhundert ein fester Bestandteil des Lebens an Königshöfen. Sie dienten vornehmlich dazu, Macht und Glanz der höfischen Welt zu repräsentieren.

Bereits damals wurden Feuerwerke von Musik begleitet. Eines der bekanntesten Werke ist die von dem britischen König Georg II. beauftragte „Feuermusik" von Georg Friedrich Händel mit dem Titel „Music for the Royal Fireworks".

Auch heute gehören die ab 1575 eingesetzten Elemente wie Feuerbrunnen, Wasserfälle, Sonnenräder, Fontänen und bengalische Illuminationen zur Basis für ein Bodenfeuerwerk im barocken Stil.

Ergänzt wird der Feuerzauber gern mit pyrotechnischen Raffinessen wie Römischen Lichtern, Flammensäulen und Wasserfällen in Gold und Silber. Den Abschluss bildet meist ein fulminantes Finale mit einem Lichtbild in Form von zwei verschlungenen Herzen oder Ringen.

Zum unvergesslichen optischen wie akustischen Genuss wird das Feuerwerk, wenn Sie es mit musikalischen Klängen aus der Barockzeit untermalen lassen. Oft ist es auch möglich, sich zusätzlich ein persönliches Musikstück auszusuchen.

Barockfeuerwerke zeichnen sich durch ihre Nähe zum Publikum aus. Durch den geringen Sicherheitsabstand von etwa 20 m sind die Gäste ganz dicht am Geschehen. Sie erleben die Vorführung aus allernächster Nähe mit, was den überwältigenden Eindruck noch verstärkt.

Der geringe Sicherheitsabstand macht es auch möglich, das Feuerwerk in Bereichen zu zünden, die beispielsweise für ein Höhenfeuerwerk nicht geeignet wären. Zudem sind Barockfeuerwerke leise und können deshalb auch in sensiblen Bereichen wie Kurgebieten oder anderen Schutzzonen gezündet werden.

18 Im Garten Eden ...

... muss es wundervoll gewesen sein.

Begeben Sie sich zur Feier Ihrer Hochzeit für einige Stunden ins Paradies – Ihr persönliches Paradies, das Sie nur mit Ihren liebsten Menschen teilen. Ein schön gelegener Schlosspark oder die Gartenanlage eines Herrenhauses oder Klosters sind bestens geeignet, für Ihr Fest in einen paradiesischen Ort verwandelt zu werden. Wer selbst einen großen Garten besitzt, kann auch diesen in Betracht ziehen. Es muss nur sichergestellt sein, dass alle Gäste Platz finden und es möglich ist, die Feier auch bei Regen fortzusetzen.

Deshalb: Ein Zelt ist für eine Feier unter freiem Himmel ein Muss. Es gibt die mobilen Festräume in vielen verschiedenen Größen und Formen zu leihen. In der Regel lässt sich die Seitenbeplanung öffnen, sodass Sie bei schönem Wetter das Gefühl haben, draußen zu sitzen.

Für das leibliche Wohl sorgt ein Caterer, der sich auf Outdoorevents spezialisiert hat. Ein Hochzeitsmahl im Grünen schmeckt außerordentlich gut – himmlisch eben.

Denken Sie auch an die Kinder auf Ihrer Feier. Spendieren Sie ihnen für den

Tag ein ganz besonderes Spielzeug: ein Trampolin. Damit wird die Feier auch für sie zum unvergesslichen Erlebnis. Eine Betreuerin wacht darüber, dass nichts passiert. Sie kümmert sich zudem während des ganzen Festes liebevoll um die Kleinen, damit die Eltern entspannt feiern können.

Zu einer stilvollen Hochzeit gehören natürlich auch Reden. Besonders schön ist es, wenn der Bräutigam, sobald alle Gäste angekommen sind, zur Eröffnung der Feier eine kurze Willkommensrede hält.

Wer möchte, kann die Rede auch dazu nutzen, den Gästen das Festprogramm kurz vorzustellen; zum Beispiel, welche Aktionen und Spiele vorgesehen sind, wann das Abendessen beginnt und ab wann getanzt werden darf. Auch die Bitte, einen Satz ins Gästebuch zu schreiben, kann an dieser Stelle geäußert werden. Die Gäste können sich so viel besser auf das Fest einstellen. Sie sind von vornherein mit eingebunden und wissen, was sie erwartet.

Beispielsweise könnte Ihre Gäste nach dem Hochzeitsmenü ein Schmetterlingsauflass erwarten. Statt der bekannteren Tauben lassen Sie Schmetterlinge in den Himmel aufsteigen. Damit sorgen Sie garantiert für Begeisterung!

👍 Hochzeitsrede des Bräutigams

Liebe Eltern, liebe Verwandte, liebe Freunde!

Vielen herzlichen Dank, dass Ihr alle gekommen seid, um diesen besonderen Tag gemeinsam mit uns zu verbringen.

Danke auch für die vielen Glückwünsche, die schönen Geschenke und guten Worte – es ist Euch wirklich gelungen, uns Freude zu bereiten. Wir sind überwältigt!

Lasst uns nun feiern und schöne Stunden miteinander verbringen. Speis und Trank stehen bereit und werden gleich serviert. Wir hoffen, dass es Euch gut schmeckt und wünschen „Guten Appetit".

Auf einen unvergesslichen Tag und nochmals danke für alles!

Zum Wohl!

Schmetterlingszauber

Ein wunderschöner Brauch, der ursprünglich aus Hawaii kommt und zunehmend auch bei uns Verbreitung findet. Auf den Inseln von Hawaii sind Schmetterlinge ein Symbol der Liebe. Wer einem von ihnen die Freiheit schenkt, dem wird ein Wunsch erfüllt.

Um das Wohlergehen der Tiere brauchen Sie sich bei dieser Aktion keine Sorgen zu machen, wenn Sie zwei Grundregeln beachten:

1. Beziehen Sie die Schmetterlinge nur von einem seriösen Züchter, der die Falter frisch geschlüpft in gekühlten Boxen verschickt. Schmetterlinge sind wechselwarm und fallen bei niedrigen Temperaturen in eine Art Winterschlaf. Von dem Transport bekommen sie deshalb nichts mit. Sie sollten einen Tag vor dem geplanten Termin bei Ihnen ankommen.

2. Wählen Sie nur einheimische Arten, empfehlenswert ist beispielsweise der Distelfalter (Vanessa cardui). Er kann in unseren Breiten problemlos im Freiland überleben und gehört auch nicht zu den Schädlingen.

Beachten Sie, dass Schmetterlinge erst bei Temperaturen über 18 Grad richtig aktiv werden. Das Freilassen kann also nur in den Sommermonaten von Mitte Mai bis etwa Mitte September stattfinden. Außerdem benötigen die Falter Licht. Legen Sie den Schmetterlingszauber deshalb am besten in die frühen Nachmittagsstunden. Für das ideale Flugwetter ist es zwar sonnig und trocken, aber ein warmer Sommerregen hält sie nicht vom Losfliegen ab. Es kann dann möglicherweise nur etwas länger dauern, bis sich alle Schmetterlinge in die Luft erhoben haben.

Wichtig ist noch zu wissen, dass Sie gemäß Bundesnaturschutzgesetz zum Freilassen von Arten in die Natur eine Genehmigung benötigen. Welche Behörde dafür zuständig ist, darüber kann in der Regel der Züchter Auskunft geben.

Für den Ablauf des Schmetterlingszaubers bieten sich drei Varianten an.

1. Sie scharen Ihre Gäste um sich und lassen selbst die Schmetterlinge frei.

2. Jeder Gast erhält einen Karton mit einem Schmetterling, den dieser, mit guten Wünschen für das Brautpaar versehen, aufsteigen lässt. Es kann sich dabei auch um eine ausgewählte Anzahl der Gäste handeln.

3. Sie lassen gemeinsam mit Ihren Gästen die Schmetterlinge steigen. Jeder flüstert seinem Schmetterling einen Herzenswunsch zu.

19 Königliches Fest im Schloss

Feiern, wo einst die Fürsten wohnten

Am Tag der Hochzeit Schlossherr und Schlossdame zu sein – und das zusammen mit vielen lieben Menschen, die Ihnen alle am Herzen liegen, das ist eine wahrhaft gelungene Festidee!

Damit alles so abläuft, wie Sie es sich vorstellen, muss die Feier sorgfältig vorgeplant werden. Schöne Locations sind oft Monate im Voraus ausgebucht. Es ist nicht übertrieben, ein Jahr vor der Hochzeit mit der Suche zu beginnen.

Zu klären ist unter anderem:

✓ ob die Möglichkeit besteht, „on location" standesamtlich und/oder kirchlich zu heiraten,

✓ ob Sie das Schloss exklusiv für sich allein nutzen können oder ob noch andere Feste gleichzeitig stattfinden,

✓ ob ein Park in der Nähe ist, in dem Sie sich mit Ihren Gästen zwischendurch die Beine vertreten können,

✓ ob Sie individuell festlegen können, bis wann gefeiert werden darf oder ob die Location einer festen Sperrstunde unterliegt.

Große Feiern wie dieses besondere Event machen darüber hinaus noch weitere Vorkehrungen erforderlich. Wichtig ist, alles so zu arrangieren, dass Sie Ihr Fest von der ersten bis zur letzten Sekunde genießen.

Lassen Sie sich deshalb möglichst viele der anfallenden Aufgaben abnehmen. Ein Zeremonienmeister ist hierfür die ideale „Figur".

Zeremonienmeister

An Ihrem Festtag brauchen Sie jemanden, der Sie unterstützt, damit Sie sich ganz Ihren Gästen widmen können. Das gilt insbesondere für eine große Feier mit vielen Gästen. Ein Zeremonienmeister ist genau die richtige Person dafür. Als „Hochzeitslader" oder „Progoder" kennt man diese Urform des Eventmanagers bereits seit Jahrhunderten. Auffällig gekleidet und mit einem Zeremonienstab versehen, ist er für die Gäste leicht erkennbar als Ansprechpartner. Diese können sich mit allen Fragen an ihn wenden. Am besten geben Sie bereits in Ihrer Einladung seine Kontaktdaten bekannt.

Darüber hinaus ist der Zeremonienmeister für den gesamten organisatorischen Ablauf bis in die kleinsten Einzelheiten zuständig, wie zum Beispiel:

- Prüfen, ob der Saal und die Tische entsprechend den Absprachen geschmückt und eingedeckt sind.

- Dem Hochzeitspaar die Geschenke abnehmen, sie auf dem dafür vorgesehenen Tisch anordnen und die Geschenke-Liste führen.

- Den Gästen bei der Platzsuche helfen.

- Die Kellner einweisen.

- Die Musiker und Künstler betreuen und die benötigte Technik wie Licht und Mikrofone checken.

- Den Einsatz der Reden und Hochzeitsspiele koordinieren.

Je nach Vorliebe und Talent kann der Zeremonienmeister sogar selbst die Gäste unterhalten und den Abend mo-derieren.

Sprechen Sie mit ihm vorab den Ablauf der Feier und seine Aufgaben genauestens durch.

Der Zeremonienmeister kann aus dem nahen Verwandten- oder Freundeskreis gewählt werden, also ein Bruder oder Freund des Bräutigams sein, oder, als „Zeremonienmeisterin", Schwester oder Freundin der Braut. Als weitere Möglichkeit steht Ihnen offen, einen professionellen Zeremonienmeister zu engagieren.

Wichtig ist, dass Sie Vertrauen zu ihm haben und das Gefühl, dass er genau der Richtige ist, um für einen reibungslosen Ablauf Ihres Festes zu sorgen.

Etwas, das Sie sich nicht abnehmen lassen können, ist die Zusammenstellung Ihres Hochzeitsoutfits. Hier benötigen Sie allenfalls fachgerechte Beratung. In einem langen weißen Kleid mit Schleier macht die Braut in jedem Fall eine super Figur. Gekrönt wird ihr Auftritt mit einem exklusiven, lang herabfallenden Brautstrauß in Tropfenform.

✿ Brautstrauß in Tropfenform

Ein Tropfenstrauß eignet sich besonders gut für Kleider mit ausgestelltem Rock. Er ist nach oben und vorn aufgewölbt, der herabhängende Teil läuft unten spitz zusammen. Die Rückseite des Straußes wird mit Fächern aus Schleifenband abgedeckt, um das Brautkleid vor eventuellen Verfärbungen zu schützen.

Für diesen zauberhaften Strauß in Tropfenform wurden rote und weiße Rosen gewählt. Das Schleierkraut lockert ihn auf und verstärkt den Eindruck des Fließens. Eingefasst ist er mit einer Efeuranke, in die Perlenschnüren eingewoben wurden.

So ein Strauß wirkt repräsentativ, wie sich das für ein Schlossfest gehört, gleichzeitig betont er die Natürlichkeit und Jugendlichkeit der Braut.

Perfekt zu ihm passend, trägt sie knapp bis über den Ellenbogen reichende Stülp-Handschuhe. Das sind fingerlose Handschuhe, die durch ein Band am Mittelfinger gehalten werden.

Auf den kunstvoll frisierten Haaren sitzt ein Perlendiadem mit Schleier. Dazu machen sich perlenbesetzte Ohrringe und Halskette ausnehmend gut.

Der Bräutigam erscheint im hellen Dreiteiler mit Plastron, Einstecktuch und Anstecksträußchen, auch Reverscorsage genannt. Um die Verbindung zur Braut zu verdeutlichen, sollten die Blumen des Brautstraußes in der Reverscorsage wieder aufgenommen werden.

♥ Reverscorsage mit Rose

Das benötigen Sie:

> 1 dunkelrote Rose
> 2 Santini-Chrysanthemen in Weiß
> Schleierkraut
> Bindegrün
> Floral-Tape, dunkelgrün
> 1 Pinclip (Anstecknadel fürs Revers)
> schmales Satinband in Weiß
> Silberdraht
> Blumendraht
> Watte

So wird's gemacht:

1. Die Stiele der Blumen von Blättern befreien und auf eine Länge von ca. 6 cm zuschneiden.

2. Das Satinband andrahten. Dazu ein 10 cm langes Stück Blumendraht in der Mitte umbiegen. In die Knickstelle zwei 30 cm lange Satinbänder mittig legen und einmal verknoten. Zur Fixierung die Drahtenden miteinander verdrillen.

3. Danach um die Rose die Chrysanthemen, das Schleierkraut und das Bindegrün anordnen, die Satinbänder und den Pinclip hinzufügen. Ein kleines mit Wasser getränktes Stück Watte auf die Schnittstellen der Blumen drücken und die Stiele mit Floral-Tape umwickeln.

4. Das Floral-Tape mit einer Zierwicklung aus Silberdraht dekorieren.

Das Outfit steht fest, das Menü ist geplant – was noch fehlt, ist etwas Action, um Abwechslung und Bewegung in das Fest zu bringen.

Wie wäre es mit weißen Hochzeitstauben, die Sie in dieser illustren Umgebung fliegen lassen?

🎁 Weiße Hochzeitstauben

Zwanzig weiße Tauben, die sich heftig flügelschlagend in den blauen Himmel erheben und dabei alle Umstehenden für eine kleine Weile in eine weiße Wolke hüllen – das ist ein Anblick, den man nie mehr vergisst.

Weiße Hochzeitstauben gelten seit alters her als Glücksboten und stehen für Liebe, Treue und Frieden. Dem Brautpaar – also Ihnen – sollen sie darüber hinaus zu Wohlstand und Erfolg in der Ehe verhelfen.

Wenden Sie sich für dieses wunderschöne Schauspiel an einen Taubenzüchter. Er sollte nicht weiter als 80 km von Ihrem Festort entfernt wohnen, weil die Tauben sonst nicht selbstständig zu ihrem Heimatschlag zurückfinden.

Mit dem Züchter besprechen Sie, wann und wo der Taubenauflass stattfinden soll und wie viele Vögel Sie fliegen lassen möchten. Von etwa Mitte April bis Ende Oktober haben die Tauben „Flugsaison", in den Wintermonaten finden keine Flugtage statt. Auch bei Sturm und Regen lässt kein Züchter seine Vögel frei. Klären Sie deshalb vorab, was bei Schlechtwetter passiert.

Der Taubenflug

Am Tag der Feier reist Ihr Züchter mit seiner weißen Fracht zum vereinbarten Zeitpunkt an. Sie erwarten ihn zusammen mit Ihren Gästen im Schlosspark. Feierlich überreicht Ihnen dann „der Herr der Tauben" je einen Vogel. Sie nehmen ihn vorsichtig in die Hände und lassen ihn fliegen. Ein Hochzeitsgast wie zum Beispiel die Mutter der Braut, die Schwester des Bräutigams oder ein Trauzeuge liest dazu ein Gedicht vor, welches Sie sich vorher gemeinsam ausgesucht haben. Das kann ein Liebesgedicht sein oder auch ein eigener Text, der diesen besonderen Augenblick würdigt.

Danach kommt der Taubenschwarm an die Reihe: Behutsam öffnen Sie den mitgebrachten Korb, der etwa zehn bis 30 Tauben enthält. Sobald die Tauben Licht sehen, erheben sie sich in die Lüfte – und zwar alle gemeinsam. Ein Gänse-

hautmoment für Sie und Ihre Gäste! Nach einigen Orientierungsrunden über Ihren Köpfen fliegen die Vögel wieder Richtung heimatlichen Schlag. Wären da nicht ein paar weiße Federn zurückgeblieben, könnte man alles für eine fantastische Sinnestäuschung halten.

Damit dies nicht geschieht, und Sie später dieses Ereignis noch einmal genussvoll nacherleben können, ist es wichtig, vorab mit Ihrem Foto- oder Videografen alles genau zu besprechen und sich auch anzuschauen, von welchem Platz aus er die besten Aufnahmen machen kann.

Ein Tipp: Etwas Besonderes sind Pfauentauben, die einige Züchter ebenfalls anbieten. Diese fallen durch ihren fächerartig aufgestellten Schwanz auf, der an das Rad ihrer großen Namensvettern erinnert.

Wenn zwei

sich Trauen

Die Liebe gleicht einem Ring, und der Ring hat kein Ende.

BRASILIANISCHES SPRICHWORT

Endlose Liebe – dafür stehen die beiden Ringe. Sich zu endloser Liebe zu bekennen, bedeutet Mut. Der Mut, der in dem Wort „trauen'' steckt. Nur, wer sich etwas zutraut, kann genug Mut aufbringen, um zu heiraten.

Sie haben diesen Mut und wollen das auch gebührend feiern. Nur stellt sich die Frage „wie?''. Es gibt so verwirrend viele Möglichkeiten. Welche davon passt am besten zu Ihnen? Bei der Antwort auf diese Frage will Ihnen das nächste Kapitel helfen. Vier völlig verschiedene Variationen, ein stimmungsvolles Hochzeitsfest zu feiern, sollen Ihnen die Entscheidung erleichtern.

Wenn Ihnen alle Vorschläge gefallen, dann müssen Sie aus den einzelnen Festelementen genau die Feier zusammenstellen, die zu Ihnen passt.

> *Wir sind Engel*
> *mit nur einem Flügel.*
> *Um fliegen zu können,*
> *müssen wir uns umarmen.*

LUCIANO DE CRESCENZO (* 1928),
ITAL. SCHRIFTSTELLER

20 Auf Engelsflügeln

Himmlisch feiern in Weiß

So zart, wie Luciano De Crescenzo die Liebe beschreibt, so zart könnte auch Ihr Fest gestaltet sein.
Alles in Weiß mit goldfarbenen Akzenten. Federn, Tüll, und Spitze geben der Gestaltung ein geradezu himmlisches Flair.

Für die Hochzeitsfeier eignen sich im Prinzip alle Locations, die weiße Wände und Decken besitzen – vom Panorama-Penthouse über den Eventloft bis zur Gründerzeitvilla. Perfekt wäre eine Galerie mit Deckenfenstern, die sozusagen echtes Himmelslicht hereinlässt.

Im Festraum sind die Tische und Stühle weiß überzogen. Auf der Tischdecke liegen goldfarbene Streuengel verteilt und darüber bauscht sich eine Organzadecke, sodass die Engel noch durchscheinen. Weißes Geschirr und weiße Kerzenleuchter sind ein Muss. Ideal wäre goldfarbenes Besteck. Als Platzkarten werden weiße Federn genommen, auf denen in Golddruck die zum Gedeck gehörige Ziffer steht. Damit sich die Gäste schnell zurechtfinden, empfiehlt es sich, im Eingangsbereich eine Übersicht mit den Namen der Gäste und den zugehörigen Tischen aufzuhängen.

Federn, Spitze und Tüll

Federn sind auch das durchgängige Deko-
element auf Einladungs-, Menü- und
Dankeskarten.

Die Gastgeschenke werden mit weißen
Bändern aus Spitze zusammengehalten
anstelle der gewohnten Geschenkbän-
der.

Extravagant: Enorm stylisch wirken
weiße Tüll-Pompons in verschiedenen
Größen, die an Transparentschnüren
von der Decke herabhängen. Locker
verteilt sind sie auch ein absoluter

Blickfang der Tischdekoration. Tüll-
Pompons erhalten Sie im Dekobedarf
oder übers Internet.
Selbst im Styling der Braut findet sich
das Leitthema wieder. Grandios nimmt
sich ein Sissi-Brautkleid aus feinem
Organza mit weitläufig schwingendem Rock und figurbetontem Oberteil
aus. Die Träger sind aus aufwändiger
Goldborte gearbeitet und bis zur Taille
hinuntergezogen.

Eine goldfarbene Tiara, mit Strass und
Perlen besetzt, verstärkt den romantischen Touch des Hochzeitsoutfits.

Was jetzt noch fehlt, ist der passende
Brautstrauß. Bleiben Sie möglichst im
vorgegebenen Farbschema, also Gold
und Weiß.

❀ Engelshaar-Brautstrauß

Einfach perfekt wirkt ein rundgebundener Strauß aus champagnerfarbenen Rosen. Fülle erhält das Bukett durch goldfarbenes Schleierkraut und zu Schlaufen gefassten Dekobändern.

Dezenten Glanz bringt gekräuseltes Engelshaar, das locker in den Strauß gewunden wird. Für einen eleganten Abschluss sorgen weiße Perlenbänder, die apart die Blumenkomposition umschmeicheln.

Dieser Brautstrauß ist wie geschaffen dafür, um einzelne seiner Elemente für die Tischdekoration zu verwenden. Ministräußchen aus Rosen und Schleierkraut schmücken die gerollten Servietten. Miteinander verwobenes Engelshaar und Perlenband laufen von Schleierkrautbüscheln unterbrochen entlang der Tischmitte. Der Brautstrauß selbst bildet das Centerpiece.

Damit der Bräutigam auch farblich seine Zugehörigkeit zur Braut dokumentiert, wählt er ein Ansteckersträußchen aus champagnerfarbener Rose mit Schleierkraut und Schleifenband.

Als absoluten Höhepunkt bieten Sie Ihren Gästen statt des herkömmlichen Desserts ein auf das Festthema perfekt zugeschnittenes Candy Buffet an – ein Naschvergnügen für die gesamte Hochzeitsgesellschaft.

👍 Himmlisches Candy Buffet

Auf einem in Weiß-Gold gedeckten Buffettisch servieren Sie alles, was süß ist und schmeckt: Cupcakes, Muffins, Cookies, Makronen, weiße Marshmallows und Zuckerwatte. Die Auswahl ist schier unbegrenzt. Hauptsache, die kleinen Köstlichkeiten präsentieren sich in den zarten Farben Ihrer Engelshochzeit.

21 Provenzalische Hochzeit

Mediterranes Flair mit „Savoir Vivre"

Intensive Farben, einmalige Lichtspiele und der Duft nach Lavendel, Thymian und Rosmarin: Die Provence ist ein besonderes Stück Frankreich, das sich durch Vielfalt und Kontraste auszeichnet.

Zwischen Gebirgszügen und Sandstränden liegen die berühmten Täler mit ihren ausgedehnten Feldern, Olivenhainen und Weingärten. Kein Wunder, dass diese im Südosten Frankreichs gelegene Landschaft für viele zur Sehnsuchtsgegend geworden ist.

Fangen Sie für Ihre Hochzeitsfeier etwas ein von den Reizen dieser lieblichen Region, und geben Sie Ihrem Fest mit gezielt gesetzten Akzenten eine provenzalische Note.

Ein großer Garten in einer mediterran anmutenden Landschaft wäre natürlich ideal zum Feiern – ist aber keine Voraussetzung. Hauptsache, der Garten besitzt eine ebene Rasenfläche für die Essplatzmöbel und auch Platz für ein Zelt.

Mediterrane Farben

Duftender Lavendel und zartes Violett sind die Leitthemen Ihrer Festdekoration. Mit kräftigen Grüntönen und frischem Weiß sorgen Sie für die nötigen Kontraste. Lavendel kommt ursprünglich aus Persien. Man verbindet mit ihm Ausgeglichenheit und Zuversicht.

Tische und Stühle kleiden Sie mit Hussen weiß ein, die Sie mit violetten Überwürfen dekorieren. Beides gibt's beim Gastronomiebedarf zu leihen. Auf weißem Geschirr stehen liebevoll gefaltete Duftservietten mit Rosmarinzweigen.

Rosmarin wurde schon früh als Heilkraut anerkannt und steht als Symbol für die Liebe und die Erinnerung. Eine gute Ehe verheißt ein Rosmarinzweig, der sich bewurzelt, nachdem er am Hochzeitstag von den Brautleuten eingepflanzt wurde.

❀ Rosmarin-Duftserviette

Diese Faltung können Sie aus Papier-
wie aus Stoffservietten arbeiten.
Eleganter für eine Hochzeit ist natürlich eine weiße Stoffserviette.

1.　　　　2.　　　　3.

4.　　　　5.

1. Die Stoffserviette zweimal in der
   Mitte falten. Die Papierserviette ist
   in der Regel bereits so vorgefaltet.
   Die Serviette mit der offenen Spitze
   nach oben vor sich hinlegen. Die
   untere Hälfte nach hinten klappen.

2. Beide Seitenflügel auf die Mitte
   falten.

3. Die unteren zwei Spitzen nach hinten knicken.

4. Dann die Figur an der senkrechten
   Mittellinie nach hinten zusammen-
   klappen.

5. Anschließend die vier Spitzen nacheinander herausziehen. Die Serviette
   mit einem Rosmarinzweig schmücken.

Auf dem Tisch verteilen Sie viele kleine
Lavendelsträuße mit Margeriten, die Sie
in schlichte Glasväschen stellen.

🐷 Blumenvasen

Als Vasen für die Lavendelsträuße können Sie hübsche kleine Getränkefla-
schen verwenden. Rechtzeitig vorher
sammeln, geleerte Flaschen in lauwar-
mes Wasser legen, bis sich die Etiket-
ten ablösen, abtrocknen – fertig. Nach
der Feier bringen sie die Fläschchen in
den Getränkemarkt zurück.

Die Tischnummern weisen den Weg
zum eigenen Platz auf französisch:
„Un, Deux, Trois …", und Lavendel-
Aromasäckchen schmücken als Mit-
nahmegeschenke die Plätze der Gäs-te.
Darüber hinaus umsäumen kleine
Olivenbäume in Terracottatöpfen die
Sitzgruppe. Das erzeugt wunderbar
südfranzösisches Flair.

Als Menü werden typisch provenzalische Speisen gereicht.

Provenzalisches Menü

Zum Apéritif servieren Sie spritzigen Orangenwein „Vin d'orange", den Sie mit knusprigem Bauernbrot und grüner Olivenpanade „Tapenade verte" reichen.

Als Hors-d'œvre gibt's köstliches Tomatensorbet mit Basilikum „Sorbet aux tomates et basilic" und als „Plat principal" gefüllte Perlhuhnschenkel mit Kartoffelpüree und Ratatouille „La pintade farcie aux patates douces et ratatouille".

Den Abschluss bildet eine fruchtige Crème brûlée mit Lavendelgeschmack „Crème brûlée à la lavande".
Bon appétit!

Die Hochzeitstorte, ganz in Violett, nimmt noch einmal die Farbe des Lavendels auf:

🍏 Violette Hochzeitstorte

1. Einen Marmorkuchen in einer Springform backen und auskühlen lassen.

2. Die gewölbte Oberseite mit einem langen Messer begradigen. Den Kuchen zweimal durchschneiden und mit Buttercreme füllen.

3. Anschließend den Kuchen rundum mit Buttercreme bestreichen und mit violettem Rollfondant nach Packungsanleitung überziehen.

3. Am unteren Kuchenrand den Fondant leicht überstehend abschneiden. Aus weißem und violettem Fondant Blüten in unterschiedlicher Größe ausstechen. Violette und weiße Kügelchen für die Blütenmitten rollen. Entlang des unteren Tortenrandes mit Zuckerkleber weiß-violette Blüten mit weißen Kügelchen ankleben. Darüber in Form fortlaufender Dreiecke weiße Blüten mit violetten Kügelchen und reinweiße Blüten anbringen.

4. Zum Schluss auf der Mitte der Torte je fünf weiße Marzipanrosen mit einem Durchmesser von 5 und von 3 cm mit Zuckerkleber fixieren.

Abends beleuchten Fackeln die Wege durch den Garten und es werden weiße Kerzen in Weinflaschen auf die Tische gestellt.

Wer nicht selbst backen möchte, bestellt beim Konditor eine „Pièce montée", das ist eine prachtvolle Pyramide aus übereinandergestapelten Windbeuteln, die in Frankreich zur Hochzeit serviert wird.

Zur Torte reichen Sie farblich passende Cup Cakes mit einem aromatischen Lavendel-Icing, das ist die süße Cremehaube der angesagten In-Törtchen.

Wenn zu später Stunde das letzte Grüppchen, gesättigt und müde vom Feiern, noch zusammensitzt, kein Ende findend, damit dieser Tag der Tage niemals aufhört – dann ist die Zeit gekommen für ein Gläschen des original provenzalischen Klosterlikörs Frigolet, der aus 30 verschiedenen Kräutern, darunter auch Thymian und Rosmarin, zusammengestellt ist.
„Santé!"

22 Schlemmen im Schloss

Ein Fest für die Sinne

Pure Lebensfreude – Musik, Essen, Weine und Gesang: Das war und ist Feiern in einem Schloss.

Vornehmlich zu Repräsentationszwecken erbaut dienten Schlösser unter anderem der Unterhaltung und dem Vergnügen. Das ist in den Räumen bis heute zu spüren.

Nehmen Sie etwas von dieser Heiterkeit und Daseinsfreude in Ihr Fest mit auf. Eine Hochzeit in den Räumen eines Schlosses stellt immer etwas ganz Besonders dar. Dabei ist es egal, ob es sich um ein Stadt- oder Landschloss, ein Jagd-, Wasser- oder Lustschloss handelt.

👍 Das doppelte Schloss

Die Übereinstimmung in Aussprache und Schreibweise (Homonymie) des Wortes „Schloss" als Wohngebäude mit dem Begriff „Schloss" als Verschluss einer Tür ist nicht zufällig. Im Mittelalter wurde der Türriegel als Schloss bezeichnet, woraus sich das Gebäude entwickelte, in das man sich zum Schutz „einschließen" konnte – zunächst war das eine Burg, später dann ein Schloss.

Braut à la baroque

Standesgemäß erscheinen Sie zu Ihrem Fest in großer Robe. Wie wäre es mit einem Luxus-Brautkleid in Champagner mit Corsage und üppig gerafftem Rockteil im Barockstil? Die Corsage ist mit edler Stickerei und Perlen besetzt und wird mit Satinbändern geschlossen. Dazu wird ein eleganter Schleier getragen, der die Perlenstickerei wieder aufnimmt.

Mit einem rundgebundenen Brautstrauß aus Rosen, Lilien und Chrysanthemen in Champagner, Hell- und Altrosé runden Sie Ihr Outfit perfekt ab.

Gestalten und dekorieren

Halten Sie sich bei der Dekoration der Tische an die Vorgaben des Raumes. Wenn, wie hier, eine helle, warme Grundstimmung vorherrscht, decken Sie die Tische weiß ein und verhüllen Sie die Stühle mit ebenfalls weißen Hussen. Silberne Platzteller, Silberbesteck und ein farblich zurückhaltendes Centerpiece aus weißen Blütendolden mit grüner Calla schaffen ein edles Ambiente, das die üppige Wand- und Deckengestaltung voll zur Geltung bringt.

Die Platzkarten werden von kleinen Barockengeln aus Keramik gehalten. Als Tischnummern können Sie wunderbar verschnörkelte Bilderrahmen zum Aufstellen verwenden. Das Menü wird auf edlem Kupfergeschirr gereicht. Es ist dem Schloss-Ambiente angepasst:

👍 Barock-Menü

> Forellenmus auf Rucola in Balsamessig-Honig-Dressing mit Haselnüssen

> Kartoffelsuppe mit Schwarzwurst

> Ragout vom Reh an Spinat und Wildbeerengelee

> Gesulzte Creme mit Zimt

Während des Essens unterhalten ein Geiger und ein Pianist die Gäste mit leiser Hintergrundmusik. Nach einer kurzen Pause folgt der nächste Höhepunkt des Festes: das Anschneiden der Hochzeitstorte. Dem gehobenen Rahmen entsprechend kredenzen Sie eine dreistöckige Schokoladentorte mit Barockblättern aus Zuckerguss verziert und von weißen Hortensienblüten gekrönt. Sie wird stilvoll auf einer silbernen Tortenplatte präsentiert.

Danach ist erst einmal Bewegung angesagt. Während Sie sich zum Fotoshooting in den Barockgarten verabschieden, führt „Baron Münchhausen" Ihre Gäste durch die Schlossanlage. Kurzweilig schildert er unglaubliche Geschichten, die sich alle in diesen Gemäuern zugetragen haben sollen. Ihre Gäste müssen zum Schluss erraten, welche der Geschichten wirklich stimmen.

🎁 Torten-Bonbonniere

Als zweite Überraschung erwartet Ihre Gäste bei der Rückkehr in den Festsaal ein fürstlicher Geschenketisch – diesmal nicht für das Brautpaar, sondern für die Geladenen: Eine Torten-Bonbonniere wurde in der Zwischenzeit aufgebaut, bestehend aus lauter Mini-Kartonagen in Form eines Tortenstücks. Zusammengesetzt sehen sie aus wie eine mehrstöckige Hochzeitstorte. In jedem Tortenstück sind kleine Give-aways für die Gäste versteckt, wie zum Beispiel feine Nougatpralinen, Trüffelkugeln und Bouchettes, die köstlichen französischen Konfektbissen.

Ein wahres Fest für alle Sinne.

23 Swinging Wedding

Beschwingt ins neue Leben

Haben Sie Lust auf eine Hochzeitsfeier, die leicht und beschwingt ist? Etwas anderes als die üblichen? Angesagt, geschmackvoll, stylisch?

Auch wenn es Ihnen zutiefst ernst ist mit dem Treueversprechen, heißt das nicht zugleich, dass die Feier der Hochzeit ebenfalls ernst sein muss. Sie möchten lachen, sich freuen und alle anderen damit anstecken.

Hell und fröhlich ist die dazu passende Farbstimmung. Pink und Orange auf einer Basis aus festlichem Weiß sind eine ungewöhnliche Farbkombination, die überraschend gut „funktioniert". Pink nimmt dem Orange das allzu Dominierende, während Orange das Pink davon abhält, ins Süßliche zu verfallen. Einige gezielt gesetzte Akzente in mittlerem Weinrot verstärken den Hell-Dunkel-Kontrast.

Umsetzen lässt sich das durchaus anspruchsvolle Farbkonzept ganz einfach mit orange- und rosafarbenen Tischbändern, die in geraden Linien kreuz und quer über die weißgedeckten Tische laufen, und Schleifenbändern für Stuhlhussen in denselben Farben. Pinkfarbene Margeriten in schmalen Wassergläsern mit spiralig gewickelten Dekodrähten bringen Bewegung in das Arrangement.

Bewegung verschaffen Sie sich und Ihren Gästen mit einem witzigen Ratespiel, bei dem es darum geht, wie genau die Männer den Mund ihrer Partnerin kennen.

♫ Ratespiel: Kussmund

Ein Spiel, bei dem die weiblichen Hochzeitsgäste ausdrücklich dazu aufgefordert werden, „ein Blatt vor den Mund" zu nehmen. Genauer gesagt ist es eine weiße Plakat- oder Leinwand, auf die sie ihren frisch mit Lippenstift bemalten Mund drücken, um darauf den Abdruck ihrer roten Lippen zu hinterlassen.

Die Männer verlassen derweil den Raum, denn sie dürfen nicht wissen, welcher Lippenabdruck zu welchem Mund gehört. Der Spielleiter nummeriert die Abdrücke und notiert die dazugehörige Frau auf einem Zettel. Die Männer werden anschließend wieder hereingebeten und müssen nun nacheinander raten, welcher Kussabdruck von der eigenen Partnerin stammt. Danach darf – oder auch muss – der Mann die Dame seines Wahlmundes im Original küssen – auch wenn es nicht die eigene Partnerin ist. Vor Spielbeginn wird mit den Teilnehmern geklärt, ob es sich dabei um Mund- oder Wangenküsse handelt.

Sehr schön, wenn der Bräutigam den Mundabdruck seiner eigenen Gattin nicht erkennt und bereits bei der Hochzeitsfeier „fremdküsst". Zum Schluss werden die Kussmünder von den Teilnehmerinnen signiert.

Ebenfalls Bewegung bringen Sie in Ihre Feier mit einer völlig flippigen Fotoaktion. Der Witz: Die Gäste fotografieren sich dabei selbst und können nach Lust und Laune experimentieren. Der Funfaktor ist unbeschreiblich.

🎁 Photo Booth – der neue Hochzeitstrend

Keine Lust auf die üblichen Hochzeitsfotos mit dem verkrampften Lächeln? Stattdessen Aufnahmen bestens gelaunter Gäste, die sich in den ulkigsten Posen vor der Kamera präsentieren? Dann sollten Sie in einem Nebenraum ein Photo Booth aufstellen, eine mobile Fotokabine, in der sich die Gäste mit Selbstauslöser ungezwungen selbst fotografieren.

Photo Booths gibt's zu mieten, meist installiert ein Foto-Assistent das Equipment und sorgt für die gesamte Logistik. Außerdem stellt er Requisiten wie Hüte, Brillen und Bärte bereit und steht den fotowilligen Gästen helfend zur Seite.

Kaum angekündigt entwickelt sich die Fotoaktion zum Highlight der Hochzeitsfeier und sorgt für wunderbar lockere Stimmung.

Die digitalen Aufnahmen können je nach Buchungsart oftmals auch sofort ausgedruckt werden, sodass jeder Gast mindestens ein Foto als Erinnerungsgeschenk mit nach Hause nehmen kann.

👍 Keine Hochzeitstorte ohne Marzipan

Wussten Sie, dass Marzipan in keiner Hochzeitstorte fehlen sollte? Seine Ingredienzien Rosenöl und Mandeln verheißen geballtes Eheglück: Das Rosenöl symbolisiert die Leidenschaft der Liebe. Die Süße der Mandeln steht für das Glück in der Liebe und ihre Bitterkeit für Kraft in schlechteren Zeiten.

Willkommen

im Mittelalter

Die wichtigste Stunde ist immer die Gegenwart. Der bedeutendste Mensch ist immer der, der dir gerade gegenübersteht. Das notwendigste Werk ist stets die Liebe.

Meister Eckhart (um 1260-1327), dt. Dominikaner, Mystiker

Obwohl diese Zeilen vor ca. 700 Jahren niedergeschrieben wurden, klingen sie erstaunlich aktuell. Das zeigt: Das Mittelalter ist nicht einfach nur Vergangenheit. Vieles, was die Menschen damals bewegte, rührt uns auch heute noch an.

Nehmen Sie etwas von dieser intensiven, vielgestaltigen und bunten Zeit in Ihre Hochzeitsfeier mit auf. Das Thema Mittelalter lässt sich auf verschiedenste Art umsetzen: quirlig und lebendig auf einer Burg, urig in einem Kellergewölbe, edel in einem historischen Festsaal oder romantischlyrisch in einem Kloster oder Gutshaus.

Wie Sie Ihr Mittelalterfest samt historischer Hochzeitsbräuche authentisch gestalten können, und welche Kleidung dafür angemessen ist, das wird Ihnen auf den nächsten Seiten verraten.

24 Ritterhochzeit auf einer Burg

Lautenspiel, Gaukeley und allerley Kurtzweyl

„Seid gegrüßt, liebe Leut!
Wir haben Euch frohe Botschaft zu
verkünden, auf dass Ihr bald kommet in
unsere Burg zur grossen Feyerey mit
Speis und Trank.
Wir wollen gar Hochzeit halten und Euch
unsere Ladung aussprechen, damit Ihr uns
Gast sein könnet."

So könnte Ihre Einladung beginnen, auf
der Sie Ihr mittelalterliches Hochzeitsfest ankündigen. Was noch fehlt, sind
die Angaben zu Datum, Uhrzeit und
Ort der Feier sowie zur Kleiderord-
nung. Wenn Sie Wert auf stilgerechte
„Gewandung" legen, müssen Sie dies
bereits auf der Einladungskarte vermerken. Stellen Sie ansonsten Ihren Gästen
frei, auch als „Bürger der heutigen Zeit"
zu erscheinen.

👍 Mittelalterliche Marktsprache – ein Schnellkurs

Der Einladungstext ist im Stil der
mittelalterlichen Marktsprache verfasst, einem kühnen Mix aus Mittel-
hochdeutsch, Wörtern der Neuzeit und
lutherischer Schriftsprache. Der Rest
ist Improvisation. Charakteristisch für
diese in den 80er Jahren des letzten
Jahrhunderts entstandene Sprechweise
ist unter anderem:

1. das häufig eingefügte Dehnungs-e
   bei Verben: gebet, wünschet, schau-
   et

2. der übersteigerte Gebrauch des Ge-
   nitivs: Bedürfet Ihr eines Rates?

3. eingestreute lateinische Begriffe:
   Ihre Einladungskarte könnten Sie
   auch „Invitatio" nennen.

4. der Mut zum Konjunktiv: Könntet Ihr
   das für mich verrichten?

5. der Verzicht von „Du" oder „Sie" für
   die Anrede. Stattdessen wird von
   „Ihr" oder „Euch" gesprochen.

6. das Fehlen jeglicher moderner und
   vor allem englischer Begriffe. Sie
   werden durch als mittelalterlich
   empfundene Begriffe und Neuschöp-
   fungen ersetzt.

Beispielsweise könnten Sie Ihre Gäste
am Schluss des Einladungstextes auf-
fordern, einen magischen Depeschen-
reiter zu senden, der ihr Kommen
bestätigt. Das kommt garantiert besser
an als ein übliches „u. A. w. g." – „Um
Antwort wird gebeten".

Allerdings: So einfach ist es wiederum auch nicht, den sogenannten „Marktsprech" zu erlernen. Es braucht seine Zeit, bis Sie sich hineingehört haben. Legen Sie sich deshalb für Ihr Fest ein paar Sätze zurecht, die Sie bestimmt benötigen werden. Damit sorgen Sie allemal für Überraschung und tragen unterhaltsam zur mittelalterlichen Atmosphäre bei.

Ebenfalls zum historischen Ambiente gehört ein Hochzeitspaar, das entsprechend gekleidet ist.

Die Gewandung des Hochzeitspaares:

Die Braut trägt ein festliches Kleid, das an ein Burgfräulein erinnert, mit feinen Bordüren an Dekolleté, Ärmeln und Saum und dazu Samtschuhe sowie einen Y-Gürtel aus Leder. Über die Haare hat sie sich eine Haube aus einem weißen Seidentaft-Tuch gebunden. Die Haube war das Zeichen der verheirateten Frau. Sie stand für Würde und Anständigkeit. Nicht ohne Grund heißt es bis heute: „Sie kommt unter die Haube", wenn eine Frau heiratet.

Der Bräutigam steht seiner Braut als fescher Burgherr in nichts nach. Über ein blütenweißes Hemd hat er eine dunkelgrüne Tunika geworfen, die von einem schmalen Ledergürtel zusammengehalten wird. Dazu trägt er eine Pluderhose und Stulpenstiefel. Ein Barrett oder ein Junkerhut krönt sein Haupt.

🎁 Die Stadtwache

So gewandet wird die Stadtwache die Brautleute sicher ungehindert durch das Burgtor einkehren lassen. Die anderen Gäste hingegen werden erst einmal nach ihrem Begehr befragt und anschließend über die zu erwartenden Freuden ins Bild gesetzt.

Dies ist eine gelungene Eröffnung des Festes, für die Sie sicher Freunde mit schauspielerischem Talent gewinnen können, welche die Stadtwache mimen. Sprechen Sie mit ihnen die Art der Gewandung durch, und geben Sie Ihnen vor allem eine Gästeliste mit Fotos, damit es beim Empfang zu keinen Verwechslungen kommt.

Allerley Kurtzweyl

Als Freuden, die auf die Gäste warten, haben Sie ein bunt gemisches mittelalterliches Programm vorgesehen. Eine lustige Truppe von Gauklern, Jongleuren, Lautenspielern und Feuerspuckern sorgt für beste Unterhaltung. Ein Schmied zeigt seine Künste.

♫ Baumstammsägen

Das Brautpaar greift ebenfalls in das Geschehen mit ein. Beim traditionellen Baumstammsägen zeigen die beiden, dass sie selbst mit einer Schrotsäge einen vor ihnen liegenden Baumstamm durch abwechselndes Ziehen zerteilen können. Damit haben Sie Ihre Eignung für ein harmonisches, gut ausgewogenes Eheleben bewiesen.

♫ Ein Bogenschützenturnier

Aber auch die Gäste werden aktiv: Unter Anleitung eines professionellen Bogenschützen wird unter den Anwesenden ein Turnier veranstaltet. Der Gewinner erhält eine kunstvoll gestaltete Urkunde, die ihm offiziell bestätigt, dass er bei der festlichen Ritterhochzeit des Brautpaares mit meisterlichem Geschick im Bogenschießen den Drachen getroffen hat und somit fortan den Titel „Drachentöter" trägt.

🎁 Ritter Kunibert

Raubritter Kunibert macht schließlich dem erfolgreichen Brautpaar seine Aufwartung und sorgt für allgemeine Erheiterung mit seinen Schilderungen der besonderen Fähigkeiten und Künste der frisch Vermählten.

Zur Stärkung erhält Kunibert danach einen eigens für ihn gezapften Humpen Bier. Der Bräutigam selbst hat das Fass vorher angestochen.

Magisch leuchtende Bildlein

Klar, dass dieses rauschende Fest in Bild und Ton festgehalten werden muss! Verpflichten Sie einen Videografen, der Ihnen mit seinem „Seelenfänger" den gesamten Ablauf der Feier auf einem Hochzeitsfilm festhält. Diesen Film können Sie, auf DVD gebrannt, als Gastgeschenk verschicken oder auf Ihrer Hochzeitswebsite, Ihrem „Pergamentum Modernum", einstellen.

25 Mittelalterliche Tafelrunde

Es ist angerichtet

Wollen Sie an Ihrem Hochzeitstag einmal nach Herzenslust mit Ihren Lieben zusammen schlemmen? Mit Löffel und Messer und all Ihren Fingern die herzhaftesten Speisen genießen? Dann ist ein mittelalterliches Bankett genau das Richtige für Sie.

Den passenden Rahmen für das zünftige Schlemmermahl bietet das Kellergewölbe einer Burg oder der Weinkeller eines Klosters. Wichtig ist ein großer,

👍 Linken des Teufels

Gegessen wird tatsächlich ohne Gabel, nur mit Löffel und Messer. Für viele Speisen werden die Finger zu Hilfe genommen.

Die Gabel war im Mittelalter tabu. Sie galt als Werkzeug des Teufels, weil sie Ähnlichkeit mit einem Dreizack hatte. Im Spätmittelalter wurden erstmals zweizinkige Gabeln zum Aufspießen von Obst benutzt. Unsere heutigen Essgabeln sind ebenfalls von höllischen Assoziationen befreit: Sie haben in der Regel vier Zacken.

langer Tisch, möglichst aus massivem Holz, an dem Sie und Ihre Gäste Platz finden.

Zu einem echten mittelalterlichen Essen gehört Met, der legendäre Honigwein, und als Hauptgericht gibt es oftmals ein über offenem Feuer gegartes Stück Fleisch vom Schwein oder Keulen von Huhn oder Fasan.

Das zentrale Element der Tischdekoration bilden dicke Stumpenkerzen, die auf geschmiedeten Ständern aus Eisen stehen. Die Wände werden von schmiedeeisernen Fackeln erhellt, deren flackernde Flammen den Raum in romantisches Licht tauchen.

Für ein edles Ambiente sorgen rote Tischläufer, die quer zur weißen Tischwäsche liegen.

Der Gral

Die Krönung der Tafel ist jedoch ein goldener Kelch, der an den Gral der Artus-Sage erinnert. Die legendären Ritter der Tafelrunde waren auf der Suche nach ihm. Kein Wunder: Dieser geheimnisvolle Kelch soll ewige Jugend spenden und für Speisen in unendlicher Fülle sorgen. Auf dem Tisch Ihrer Mittelalterhochzeit wird er nun dargeboten – auf dass er seine Kräfte entfalte.

So vorbereitet sind die Gäste bestens auf die zu erwartenden Gaumenfreuden eingestimmt. Das nach überlieferten Rezepten zubereitete Mahl wird von Mägden und Knechten in historischen Kostümen serviert. Ein Truchsess koordiniert den Ablauf und ein Mundschenk ist für die Versorgung mit Getränken zuständig.

🍏 *Edles Ritter-Hochzeits-Mahl*

> Köstlicher Met zum Willkomm aus dem Trinkhorn

> Warmes Brot aus dem Steinofen mit hausgemachtem Griebenschmalz

> Hochzeitssuppe aus dem Kessel

> Von der Sau ein deftig Schinkenhaxen mit rotem Kohl und einem feinmundig Sößelein. Dazu Erdäpfel mit Pilzen aus der Pfanne, gewürzt nach altem Receptum

> Herzhafter Käse vom Holzbrett

> Süße Bratäpfel, in Wein gedünstet, gereichet mit vorzüglicher Vanilletunke

Es darf geschlemmt werden! Ein zünftiges Mittelaltermahl kann sich über Stunden hinstrecken. Zwischen den Gängen werden die Hochzeitsreden gehalten. Einen Hit landen die Freunde des Brautpaares, wenn sie, dem Motto entsprechend, als Ritter der Tafelrunde auftreten, und beispielsweise als Tristan der Ehrenhafte, Parzival der Beherzte oder Lancelot der Tapfere den frisch Vermählten ihre guten Wünsche überbringen.

Tafel aufheben

Im Anschluss an das Essen wird die Tafel aufgehoben. Das ist ganz wörtlich zu verstehen. Die Knechte heben die Tischplatte samt der darauf stehenden Speisen einfach von den Holzböcken und tragen sie in die Küche. An einer frischen Tafel wird dann weitergefeiert.

Hinweis: Nicht alle Restaurants bieten dieses beeindruckende Spektakel. Es lässt sich nur mit speziell dafür geeigneten Tischen ausführen.

Die Gesellschaft ist zufrieden und gesättigt. Das war ein Schmaus! Noch einmal werden die Gläser gehoben. Jetzt ist die Zeit für einen Toast auf das Hochzeitspaar gekommen:

Lasset die vollen Gläser erklingen, ein Lebehoch dem Brautpaar zu bringen! Schenket nochmal die Gläser voll, trinket auf des Brautpaares Wohl!

26 Heiraten in historischen Räumen

Feiern mit Geschichte

Die großen Säle in Schlössern und Burgen waren oft Zeugen rauschender Feste. Vielfach wurden sie sogar eigens dafür eingerichtet. Feste zu feiern steckt ihnen sozusagen noch in den Fugen. Das Stimmengewirr, die Musik, die feinen Düfte der Speisen, all das haben die Mauern gespeichert – und geben bei jedem Fest ein wenig davon wieder weiter.

Bei der Suche nach einem geeigneten Saal werden Sie in einer Burg, einem Schloss, einem Gutshof oder Herrenhaus sicher fündig. Achten Sie darauf, dass Ihr Wunschraum nicht zu karg vorgerichtet ist, damit Sie nicht zuviel an Grundausstattung wie Stühle oder Tische heranschaffen müssen. Andererseits sollte er aber auch nicht zu reichlich ausgestattet sein, damit noch genügend Platz bleibt für Ihre eigenen Dekorationsideen.

❀ Tischzauber

Ein besonderer Service, den Sie Ihren Gästen bieten, sind parfümierte und vorgewärmte Servietten, wie sie bei höfischen Tafeleien im 15. Jahrhundert üblich waren. Lassen Sie sie stilecht nach jedem Gang auswechseln.

Schön geschwungene Trinkhörner auf Ständern vervollständigen die Tischdekoration. Auch sie können als Schmuck kleine Rosensträuße erhalten.

So können Sie beispielsweise die Tische mit hohen Kerzenleuchtern schmücken, die Sie üppig mit creme-weißen Rosen dekorieren. Zusätzlich stellen Sie in den Raumecken imposante Bodenvasen auf, aus denen Buketts aus ebenfalls creme-weißen Rosen quellen. Die Fensterbänke werden ebenfalls mit Glasvasen, Kerzen und Rosen dekoriert.

An Ihrem großen Tag werden Sie von Ihren Gästen bereits vor dem Schloss mit einem Blütenregen empfangen. Auch die Blumenkinder können hier noch einmal aktiv werden und kräftig mitstreuen.

Lassen Sie die Kinder auch während des Festes kleine Rollen übernehmen. Sie können zum Beispiel mit Glöckchen um Ruhe klingeln, wenn Reden anstehen, oder mit Weidenkörbchen Gastgeschenke in herzförmigen Kartonnagen verteilen. Das sorgt für Abwechslung und bezieht Ihre kleinen Gäste in die Feier mit ein.

Good Vibrations

Wenn Sie in all dem Wirbel einmal eine ruhige Minute finden, ganz still sind und lauschen, dann können Sie vielleicht die Mauern summen hören. Eventuell macht sich auch ein wohliges Zittern wie ein leises Aufatmen bemerkbar – der Raum ist wieder erwacht.

Good Vibrations
für das Hochzeitspaar!

♫ Musik und Tanz

Ein Hochzeits-Schlossfest ohne Tanz ist wie ein Menü ohne Getränke. Mit anderen Worten: Das geht gar nicht!

Passend zum Thema sind hier Tänze angebracht, die ungefähr zu der Zeit in Mode waren, als die Räume in ihrem ersten Glanz erstrahlten.

Eröffnen Sie die Tanzrunde mit einem Branle, einem Reigentanz aus dem 16. Jahrhundert, zu dem sich alle Gäste kreisförmig aufstellen. Er ist einfach zu erlernen und macht riesig viel Laune.

Ein Muss für diese Veranstaltung ist erstens eine Musikgruppe, welche die historischen Melodien beherrscht, und zweitens ein Tanzmeister, der ganz im Stil der Zeit den Gästen die Schritte beibringt.

Von dem geselligen Branle gehen Sie zur majestätischen Pavane über – ein ruhiges und feierliches Defilee, das damals gern zu Hochzeiten getanzt wurde.

Als Schlusstanz bieten Sie die schwungvolle Gaillarde an. Sie ist sicherlich die anspruchsvollste Tanzformation dieser Dreiergruppe. Ihre Gäste sind jetzt jedoch gut eingeübt, sodass sie auch diese Schrittfolge meistern werden. Beginnen Sie den Tanz als Hochzeitspaar zu zweit, und schließen Sie nach und nach die anderen Gäste in Ihre Formation mit ein. Eine fürstliche Variation des Brauttanzes.

27 Dû bist mîn, ich bin dîn

Ein Herzensfest mit mittelalterlicher Liebeslyrik

Eines der schönsten Liebesgedichte des Mittelalters beginnt mit der bekannten Zeile: „Dû bist mîn, ich bin dîn". Wer es verfasst hat, ist nicht bekannt. So direkt, unmittelbar und klar ist selten die ewige Liebe beschrieben worden:

Dû bist mîn, ich bin dîn.
des solt dû gewis sîn.
dû bist beslozzen
in mînem herzen,
verlorn ist daz sluzzelîn:
dû muost ouch immêr darinne sîn.

Und hier die Übersetzung ins heutige Deutsch:

Du bist mein, ich bin dein.
Dessen sollst Du gewiss sein.
Du bist eingeschlossen
in meinem Herzen;
verloren ist das Schlüsselein:
Du musst nun immer darinnen sein.

Keine Frage: Wenn Sie dieses Gedicht für Ihre Hochzeitsfeier wählen, dann sind Liebesschlösser Ihr Leitthema.

👍 Liebesschlösser

Diese Vorhängeschlösser, die mittlerweile weltweit an den Geländern berühmter Flussbrücken hängen, sind ganz private Liebesgeständnisse von Paaren. Damit die Schlösser nicht verwechselt werden können, sind in sie Namen oder Initialen mit Datum und teilweise auch Grüße eingraviert. Die passenden Schlüssel werden von den Liebenden im Fluss versenkt. Sie sind damit für immer verloren.

Der romantische Brauch kommt wahrscheinlich aus Italien. Die Verliebten Roms sollen die ersten Liebesschlösser an der Milvischen Brücke, die über den Tiber führt, mit dem Ausruf „per sempre" (für immer) angebracht haben.

Auch in Deutschland kennt man diesen Brauch. An der Kölner Hohenzollernbrücke hängen angeblich bereits über 40.000 Schlösser.

Weitere Brücken mit Liebesschlössern finden sich unter anderem in Paris und Moskau, in Salzburg und Helsinki sowie in New York.

Als symbolisches Geschenk für unvergängliche Liebe gibt es kunstvolle Liebesschlösser mit passendem Schlüssel auch zu kaufen. Vergoldet oder versilbert, mit edlen Steinen verziert und mit Gravur versehen, sind sie wunderbare Morgengaben, die sich die Brautleute am Hochzeitstag gegenseitig schenken können. Die dekorativen Schmuckschlösser werden an Hals- oder Armbändern getragen, an Gürtelschlaufen oder am Schlüsselbund.

Ihre Liebesschlösser liegen während der Hochzeitsfeier vor Ihren Plätzen. So weiß jeder, wo das Brautpaar sitzt. Die Gäste erhalten statt Platzkarten Zierschlüssel aus Messing mit Namensschildern auf den Gedecken.

Weitere Schlüsselchen sind ins Tischgesteck und in den Brautstrauß eingearbeitet. Als Motiv für Einladungs-, Menü- und Dankeskarten wird ebenfalls ein Schlüssel genommen – als Heißfolien-Reliefprägung in Gold.

❀ Bordeauxrot, Weiß und Gold

Für die Hochzeitsdekoration haben Sie, passend zu den goldfarbenen Schlüsseln, die Farben Bordeauxrot und Weiß gewählt. Über die weiß eingekleideten Tische laufen bordeauxrote Organzabänder, die weißen Stuhlhussen sind mit ebenfalls bordeauxroten Schleifen geschmückt. Rote Rosen sind ein Muss, und ein weißer Boden wäre natürlich perfekt.

Kloster-Romantik

Als Ort der Feier kommt am besten das Refektorium, die Prälatenstube oder die Conventhalle eines Klosters infrage. Sie bieten genau das romantisch-lyrische Ambiente, das Sie für Ihr Fest benötigen.

Ein duftigzartes Hochzeitskleid in leuchtendem Weiß lässt die Braut in den Klosterräumen doppelt hell strahlen. Ein in den Haaren befestigter Schleier verstärkt den zauberhaften Effekt.

Der Bräutigam sieht im schwarzen Anzug mit weißem Hemd, weißer Weste und weißem Plastron ebenfalls blendend aus.

Die beiden frisch Vermählten tragen am Hochzeitstag ihre Schlüssel bei sich – allerdings verraten sie niemandem wo.

In den Hafen

Der Ehe

Ein Tropfen Liebe ist mehr als ein Ozean an Wille und Verstand.

BLAISE PASCAL (1623-1662),
FRANZ. MATHEMATIKER, PHYSIKER U. PHILOSOPH

Es ist ein gutes Gefühl, nach langer Fahrt in den Hafen einzulaufen. Sie haben gemeinsam Ihren Ankerplatz gefunden und sind sich sicher, angekommen zu sein. Wie schön!

Eine Hochzeitsfeier, die etwas mit Schiff, Meer oder Strand zu tun hat, passt perfekt zu Ihrem Leitspruch. Wie wäre es mit einem Fest am Strand, auf einem Schiff oder in einem Leuchtturm? Die Nähe des Wassers, Sand und Wellen lassen den Tag für Sie und Ihre Gäste zu einem unvergesslichen Erlebnis werden.

Ein Tipp: Weil vieles erst direkt am Festtag selbst arrangiert werden kann, ist es bei aufwändigeren Feiern sinnvoll, die Hilfe eines Weddingplaners in Anspruch zu nehmen.

28 Strandhochzeit

Chillen am Meer

Feiner weißer Sandstrand und leises
Meeresrauschen im Hintergrund – eine
Kulisse wie geschaffen für eine leichte,
heitere Hochzeitsfeier mit Urlaubsat-
mosphäre.

Viele Orte an der Nord- und Ostsee-
küste und auf den Inseln haben sich
zunehmend auf Strandhochzeiten ein-
gestellt. Selbst Trauungen werden am
Strand vorgenommen.

Das Erste, was Sie für Ihr Fest benötigen, ist ein Strandareal zum Mieten
oder ein Hotel oder Restaurant mit
Privatstrand. Achten Sie darauf, dass genügend Stromanschlüsse für Licht und
Musik vorhanden sind und sanitäre An-
lagen zur Verfügung stehen. Außerdem

sollten für den Abend Decken, Heiz-
strahler und Feuerkörbe bereitgestellt
werden können.

Denken Sie bereits jetzt an Utensilien,
die Sie für Strandspiele benötigen und
an Sonnenschutz wie Sonnenmilch,
Sonnenbrillen und Hüte, für die Ihnen
Ihre Gäste sehr dankbar sein werden.

In die zweite Kategorie der erforderli-
chen Festvoraussetzungen fallen Ess-
möbel, ausreichender Windschutz und
Strandkörbe, die originellen, unüber-
troffen gemütlichen Chillout-Sessel
des Nordens. Bei einem Hotel oder
Restaurant können Sie davon ausgehen,
dass Ihnen Tische, Stühle und auch
Strandkörbe gestellt werden. Bei einer
frei mietbaren Strandfläche ist das nicht
unbedingt der Fall. Wenden Sie sich
dann am besten an einen Caterer, mit
dem Sie auch die Speisenfolge und die

Dekoration durchsprechen. Sie selbst können an Ihrem Hochzeitstag nicht alles heranschaffen.

Für eine super zur Location passende Tischdekoration verwenden Sie Muscheln, Seesterne und Ziersand. Die Blumendekoration ist in den Farben Blau und Weiß gehalten. Muscheln und Seegras können durchaus mit eingearbeitet sein. Die Tischkarten sind als Flaschenpost gestaltet.

Eine an Pfählen aufgehängte Girlande aus Treibhölzern begrenzt das Sandareal.

In diesem Ambiente schmeckt das liebevoll zusammengestellte Strandmenü besonders gut. Speisen mit Fisch sind bei diesem Hochzeitsthema ein Muss. Entweder wählen Sie die mediterrane Richtung mit einer Fischsuppe à la Bouillabaisse als Hauptgericht, oder Sie entscheiden sich für die nordische Variante mit einem friesischem Fischtopf als Schwerpunkt.

Fischsuppe à la Bouillabaisse

ZUTATEN

4 Zwiebeln
6 Knoblauchzehen
8 geschälte Tomaten
2 kleine Stangen Lauch
1 Fenchelknolle
4 EL Olivenöl
800 ml Fischfond
500 ml trockener Weißwein
4 Lorbeerblätter
4 TL Tomatenmark
Salz und Pfeffer
1600 g gemischte Fischfilets (z. B. Kabeljau, Seehecht, Rotbarsch, Zander)
16 Riesengarnelen, ohne Schale und Darm
32 Miesmuscheln, gesäubert und gewaschen
16 kleine Kartoffeln, geschält und gekocht

Zwiebeln und Knoblauch klein schneiden. Tomaten würfeln, Lauch und Fenchel in Scheiben schneiden.

Zwiebeln, Knoblauch, Tomaten, Lauch und Fenchel in einem großen Topf mit Olivenöl andünsten. Fischfond, Wein, Tomatenmark, Kräuter und Gewürze zufügen und alles zehn Minuten leise köcheln lassen.

Die Fischfilets in Stücke schneiden und zusammen mit den Garnelen, Muscheln und Kartoffeln zur Brühe geben. Die Suppe bei mittlerer Temperatur und geschlossenem Topf etwa zehn Minuten garen lassen. Danach die geschlossenen Muscheln aussortieren und die Suppe evtl. nachwürzen.

Traditionell reicht man zur Bouillabaisse Baguettes und Rouille, eine scharfe Knoblauchsauce.

Statt des üblichen Nachtisches bieten Sie eine mit Sonnensegeln vor Wind geschützte Candy-Bar an, und überraschen Ihre Gäste neben all den anderen Leckereien wie Cup-Cakes, Cookies und Muffins mit den ultraangesagten Cake-Pops, den kleinen Kuchen am Stiel. Wenn die süßen Kuchenbällchen dann auch noch im Look von Braut und Bräutigam auftreten, ist Ihnen die Bewunderung Ihrer Gäste sicher.

👍 Strandtipps

Zwei Punkte dürfen Sie bei Ihrer Strandhochzeit nicht außer Acht lassen:

1. Planen Sie Alternativmöglichkeiten zum Feiern bei Regen und Sturm ein.

2. Achten Sie auf die Gezeiten. Bei Flut könnte Ihr Strandareal eventuell unter Wasser stehen. Ortskundige können Ihnen hier in der Regel verlässlich Auskunft geben.

Was trägt man zu einer Hochzeitsfeier am Strand? Sand und Wind lockern die üblichen Bekleidungskonventionen auf. Genau das gehört zum besonderen Charme dieser Feier. Leichte, festliche Sommerkleidung, die viel Bewegungsspielraum lässt, ist angesagt. Die Herren dürfen zu lässigen Leinenanzügen mit kurzärmligen Hemd und Krawatte greifen. Binder und Jackett können nach dem Essen abgelegt werden. Die Damen sehen bezaubernd in Festkleidern aus weichen, fließenden Stoffen aus. Ihnen ist es erlaubt, auf die Seidenstrümpfe zu verzichten. Schuhe mit flachen Absätzen sind unbedingt zu empfehlen, im weichen Sand lässt sich mit Pumps beim besten Willen kein perfekter Gang hinlegen.

Die Braut erscheint romantisch in Weiß mit kurzem Schleier, der Bräutigam kleidet sich etwas eleganter als die Gäste und wählt zum schwarzen Anzug ein locker sitzendes, langärmliges weißes Hemd.

Nach dem Essen beginnt der lockere Teil der Feier. Wer möchte, zieht sich mit einem kühlen Sekt oder einer eiskalten Zitronenlimonade in einen der bereitstehenden Strandkörbe zurück, genießt die wunderbare Aussicht und plaudert mit seinen Sitznachbarn.

Die anderen Gäste nutzen die herrliche Gelegenheit für ein ausgelassenes Strandspiel, das sich auch in Festtagskleidung durchführen lässt. Geeignet dafür sind beispielsweise Boccia oder Boule, Softball, Krocket und auch einfache Frisbee-Aktionen.

Mit einer Umkleidemöglichkeit ist auch eine fetzige Runde Beach-Volleyball möglich. Hier eine Kurzfassung der Regeln:

♫ Beach-Volleyball

Auf einem durch ein Netz geteilten Sandspielfeld stehen sich zwei Mannschaften mit je zwei Spielern gegenüber. Ziel des Spiels ist es, den Ball über das Netz auf den Boden der gegnerischen Spielfeldhälfte zu spielen oder das gegnerische Team zu einem Fehler zu zwingen.

Pro Ballwechsel wird der Ball von einem Aufschlagspieler mit einem gezielten Schlag mit Hand oder Arm in die gegnerische Spielhälfte geschlagen. Der Spieler steht dabei hinter der Grundlinie.

Spätestens bei der dritten Berührung muss eine Mannschaft den Ball wieder über das Netz spielen, beide Spieler müssen ihn dabei abwechselnd schlagen. Der Block zählt als erster Ballkontakt. Von einem Block spricht man, wenn ein oder mehrere Spieler den herannahenden Ball über der Netzkante berühren, ohne das Netz selbst zu touchieren.

Ein Spielzug dauert so lange, bis der Ball den Boden berührt, oder es einer Mannschaft nicht gelingt, ihn ordnungsgemäß zurückzuspielen. Das gegnerische Team erhält dann einen Punkt. Ein Spiel geht über zwei Gewinnsätze. Die ersten beiden Sätze werden bis 21 Punkte gespielt. Zum Gewinn eines Satzes benötigt eine Mannschaft zwei Punkte Vorsprung. Gewinnen beide Teams je einen Satz, wird noch ein Entscheidungssatz bis 15 Punkte ausgetragen.

29 Ein Tag im Paradies

Hochzeit mit karibischem Flair

Grenada, Antigua und Barbados heißen Sehnsuchtsinseln der Karibik, auf denen sich auch ausländische Brautpaare das Jawort geben können. Allein beim Klang der Namen werden Vorstellungen von azurblauem Wasser und Palmen geweckt.

Wer im fernen Paradies heiraten und feiern möchte, muss oftmals auf Familie und Freunde verzichten, weil Anreise und Unterkunft der Hochzeitsgäste das Budget sprengen würden Niemand kann von seinen Gästen erwarten, die hohen Kosten selbst zu tragen.

Eine Trauung mit Hochzeitsfeier an den Stränden von Nord- und Ostsee mit karibischem Flair ist eine wunderbare Alternative, wenn Sie Wert darauf legen, zusammen mit Ihren Lieben zu feiern. Ein weiterer Vorteil: Sie können sich selbst um Ablauf und Dekoration kümmern, was bei Festen im Ausland nur bedingt gegeben ist.

Strandtische

Kleiden Sie Tische und Stühle orange und weiß ein. Um die weißen Stuhllehnen schlingen Sie orangefarbene Schleifenbänder. Die Farbe nehmen Sie für die Servietten wieder auf. Diese werden, zur Blüte gefaltet, in die Wein- und Sektgläser gesteckt. Es reicht auch, sie zu rollen, einmal in der Hälfte zu knicken und die Kanten blütenartig aufzufächern.

Das Gesteck des Hochzeitstisches darf ruhig opulent sein. Hier wird aus weißen Lilien, Margeriten und Rosen ein floristisches Schmuckstück gestaltet. Für die Tischkennzeichnung wählen Sie weiße Kärtchen in Bilderrahmen. Diese

🍏 Hochzeitscocktail Paradise

ZUTATEN:

4 cl Gin

2 cl Apricot Brandy

4 cl Orangensaft

gestoßene Eiswürfel

Dekoration: Orangenscheibe und
Melissenblätter

Gin, Orangensaft und Apricot Brandy
mit Eiswürfeln im Shaker gut schütteln
und in ein Cocktailglas abseihen. Zur
Verzierung eine Orangescheibe mit Me-
lissenblättern an den Glasrand stecken.

beschriften Sie mit den Namen karibi-
scher Inseln wie Barbados, Martinique
und Jamaika. Wetten, dass sich jeder
Gast seinen Tisch auf Anhieb merkt?

Denken Sie bei der Dekoration auch an
Wind und Sonne. Für Schutz mit Kari-
bik-Feeling sorgen Zäune aus Schilfrohr
oder Bambus und große runde Sonnenschirme aus Bast. Bei Regen müssten Sie
stattdessen ein Zelt aufschlagen.

Festliches Outfit

Die Lilien und Rosen des Gestecks finden sich auch im Brautstrauß wieder –
hier, passend zum Farbschema, in
Orange. Die Braut trägt dazu ein
weißes, duftiges Kleid, der Bräutigam
kommt im weißen Anzug mit Weste
und Krawatte sowie einer orangefarbenen Rose im Revers – wow.

Die Gäste dürfen leichte, helle Kleidung
tragen, selbst große bunte Sonnenbrillen und Strohhüte sind erlaubt.

Für exotisches Flair sorgt eine mobile
Cocktailbar mit Barkeeper, der Cocktails nach Wunsch vor den Augen Ihrer
Gäste mixt. Ob mit oder ohne Alkohol
wirken diese In-Getränke erfrischend
und sind bei allen beliebt.

Ein vom Namen her perfekt zu Ihrem
Fest passender Hochzeitscocktail ist der
„Paradise". Mit seinem leuchtenden
Orange ist er für Ihre Feier wie gemacht.

Sind alle Gäste mit Cocktails versorgt?
Dann ist der richtige Zeitpunkt gekommen, um die Stimmung noch ein wenig
mehr anzuheizen. Nein, kein Walzer
und kein Foxtrott stehen auf dem Programm – Limbo ist angesagt. Der aus
Trinidad kommende Spaßtanz hat sich
weltweit zu einem beliebten Partyele-
ment entwickelt.

Abends werden Fackeln angezündet.
Karibiktänzer und eine Feuershow verzaubern die Gäste.

Danach kann jeder machen, was er
möchte. Noch ein Limbo gefällg? Wer
hat das Seil?

♫ Let's Limbo

Ein Seil oder eine Stange werden für diesen Tanz benötigt, dazu fetzige karibische Rhythmen und schon kann's losgehen:

Mit nach hintem gebeugten Rücken versucht ein Tänzer unter dem waagerecht gehaltenen Seil oder der Stange hindurchzutanzen, ohne das Hindernis zu berühren. Um die Schwierigkeit zu erhöhen, werden Stange oder Seil nach und nach immer tiefer gehalten. Ein guter Limbo-Tänzer schafft 55 cm vom Boden.

Das muss nicht sein! Hauptsache, alle machen mit – auch das Brautpaar –, und alle haben Spaß. Im Zweifel wird die Stange für einen Tänzer in Kopfhöhe gehalten.

30 Hochzeitsdinner im Leuchtturm

Von Wogen umbraust

Ein Leuchtturm ist nicht nur an stürmischen Tagen wichtig. Auch bei gutem Wetter weist er Schiffen den Weg in den sicheren Hafen oder warnt sie vor gefährlichen Klippen. Als hell leuchtendes Orientierungszeichen soll er Eheleuten, die ihn zu ihrem Hochzeitssymbol wählen, den guten Weg durch alle kommenden Wetterlagen zeigen.

Eine Hochzeitfeier in einem zum Restaurant umgebauten Leuchtturm ist hochromantisch. Die Innenräume sind, architektonisch bedingt, meist klein. Deshalb bieten manche Türme einen Anbau zum Feiern an.

❀ Dekoration mit Lichtzeichen

Machen Sie die das Leuchtfeuer des Turms zum zentralen Element Ihrer Dekoration. Viele weiße Kerzen, über den Tisch verteilt, zaubern eine wohlige Atmosphäre. Größere Windlichter bringen den Raum in Stimmung, während kleinere Stumpenkerzen in Gläsern die Tischfläche beleuchten.

Mit der Nähe von Wasser und Feuer, dem Merkmal des Leuchtturms schlechthin, spielen die Schwimmkerzen: Dichter ans Wasser kann Feuer kaum herankommen.

Geschickt aufgenommen wird das Wasserelement durch kleine Einzelrosen und Minirosensträuße, die sich

♥ Leuchthülle als Menükarte

Feine Menükartenrollen aus Transparentpapier sorgen für ein besonders exklusives Flair am Tisch.

Lassen Sie hierzu DIN-A4-Blätter aus hochwertigem Transparentpapier in einer Stärke von 120 g/qm mit der geplanten Speisenfolge bedrucken.

Das Papier wird anschließend gerollt und entlang der kurzen Seite mit doppelseitigem Klebeband verschlossen. In die Röhren stellen Sie schmale Biergläser, die Sie preiswert beim Partyverleih erhalten. Bestücken Sie die Gläser mit Teelichtern, und zwar den großen mit einer Brenndauer von ca. acht Stunden. Dann brauchen Sie nicht alle zwei bis drei Stunden die Kerzen auswechseln.

Wichtig: Sie benötigen unbedingt ein Stabfeuerzeug, um die Teelichte anzuzünden.

Für alle, denen die Zeit zum Selbermachen fehlt: Ansprechende Teelichthüllen als Tisch- und Menükarten kann man auch im Internet oder Schreibwarenhandel bestellen.

Höchster Genuss: Tortenturm

Um Cupcakes und Petit fours bestens zur Geltung zu bringen, werden die kleinen Törtchen auf einer schmalen, hohen Etagere angeordnet, die an einen Leuchtturm erinnert. Für das traditionelle Anschneiden ist die oberste Stufe als kleine Torte gefertigt. Das verspricht höchsten Genuss auf oberster Ebene.

in Ziergläsern zu den Kerzen gesellen. Mattschimmernde Perlen im Wasser verstärken die Lichteffekte.

Arrangements aus Windlichtern, Schwimmkerzen und Rosengläsern machen sich traumhaft gut auf Fensterbänken. Achtung: Sie können allerdings nur dann unbedenklich aufgestellt werden, wenn nichts Brennbares in der Nähe steht.

123

31 Liebe ist ... gemeinsam die Klippen des Lebens zu umschiffen

Hochzeitsfeier auf Schiffsplanken

Leinen los und Segel gehisst – Eheglück, wir kommen!

Nicht nur Seemänner und -frauen werden von dem Gedanken, eine Hochzeitsfeier auf einem Segelschiff oder einer Jacht zu erleben, begeistert sein. Die Vorstellung von weißer Gischt und azurblauem Himmel lässt auch die Herzen von Landgängern höher schlagen.

Es gibt eine Reihe von luxuriösen Schiffen, die Sie inclusive Personal und Kapitän für einen oder gar mehrere Tage chartern können. Lassen Sie sich in jedem Fall, bevor Sie sich für eines von ihnen entscheiden, von einem seeerfahrenen Menschen beraten. Sprechen Sie die Route, die Sie fahren möchten, genau durch, und legen Sie fest, wo Sie während des Menüs vor Anker gehen.

Da Sie nicht davon ausgehen können, dass alle Hochzeitsgäste seefest sind, sollten Sie das Hochzeitsmahl in einer geschützten Bucht oder einem malerischen Hafen einnehmen. Danach kann die Fahrt weiter fortgesetzt werden.

Schiff, Anker und Segel

An maritimen Dekorationselementen mangelt es nicht. Bezogen auf Ihr Festmotto sind Schiff, Anker und Segel die Symbole, die exakt den Sinn Ihres Festes wiedergeben.

> Das Schiff steht für die Lebensreise. Menschen auf einem Schiff sind aufeinander angewiesen.
> Der Anker verhindert, dass Sie abgetrieben werden. Er ist das Sinnbild für Halt und Sicherheit.
> Das Segel schließlich bringt Sie voran. Nur mit dem richtigen Segel erreichen Sie Ihr Ziel.

Die Anker finden Ihre Gäste in kleinen Schatztruhen vor ihrem Gedeck. Es sind kleine Handschmeichler als Schlüsselanhänger.

Miniatur-Holzsegelschiffe haben vor den Servietten angelegt. Auf den Segeln stehen die Namen der Gäste.
Zur weiteren Dekoration stellen Sie mit Sand gefüllte Windlichter auf sowie kleine Schiffslampen. Verteilen Sie Muscheln und Seepferdchen auf dem Tisch, und verwenden Sie zum Streuen Seeglas, das sind vom Meer geschliffene Scherben. Echtes Seeglas wäre zu teuer. Es gibt die begehrten Bruchstücke aber auch als täuschend echte Nachahmung im Dekorationsfachhandel zu kaufen.

👍 Souvenierladen

Besuchen Sie die Souvenierläden in Küstennähe. Sie sind eine wahre Fundgrube für maritime Hochzeitsdekorationen.

Bleiben Sie bei allen Schmuckelementen in dem Farbschema Weiß und Blau. Das gilt auch für den Brautstrauß. Dieser hier besticht durch die Kombination von weißen Rosen, hellblauen Hortensien und tiefblauen Vanda-Orchideen. Dazwischen verspieltes Schleierkraut und als Einfassung ein Rahmen aus grünen Gräsern. Einfach schön.

Die Braut selbst sieht hinreißend aus in ihrem leichten weißen Hochzeitskleid und einer Vanda-Orchidee im Haar. Der Bräutigam ist ebenfalls in Weiß gekleidet. Dazu trägt er einen blauen Clubblazer und weiße Segelschuhe.

Landliebe

*Man muss Freude säen,
wenn man Glück
ernten will ...*

Erich Limpach (1899-1965),
dt. Dichter, Aphoristiker

Eine lange Tafel unter Apfelbäumen, üppig gedeckt mit Wein, Brot und Käse; Biertische für eine zünftige Brotzeit auf einer Bauernwiese und Heuballen für einen unkonventionellen Sektempfang vor der Scheune eines Landgasthofs – das sind die Zutaten für eine dieser wundervollen ländlichen Hochzeiten, wie sie auf nostalgischen Bildern manchmal zu sehen sind und von denen noch die Enkel schwärmen.

Die Liebe zur Natur, ein enger Bezug zum Land und vielfach auch angenehme Urlaubserinnerungen sind die Hauptmotive für eine Hochzeit weit vor den Toren der Stadt. Von urig bis edel sind alle Festvariationen möglich.

Machen Sie sich und Ihren Gästen dieses ganz besondere Fest zum Geschenk – und ernten Sie das Glück, Ihren Lieben eine Freude bereitet zu haben.

32 Trachten-Hochzeit

Zünftig feiern wie in Bayern

Hinein ins volle Leben: Eine Hochzeitsfeier auf dem Bauernhof ist ein einzigartiges Erlebnis, an dem Sie und Ihre Gäste garantiert ihre Freude haben werden. Natürlich, lebendig und farbenfroh findet eine Landhochzeit zunehmend auch bei Stadtmenschen begeisterte Anhänger.

Besonders im Sommer erweist sich ein Bauernhof als ideale Location zum Feiern. Unabhängig vom Wetter kann das Fest sowohl draußen wie auch drinnen stattfinden.

Als „Schmankerl" tritt das Brautpaar in Tracht auf. Sie bezaubert im feschen himmelblauen Hochzeitsdirndl mit Schürze in altrosé und weißer Dirndlbluse, er kommt in hellbrauner Knie-bundlederhose aus Hirschleder mit Hosenträgern. Dazu trägt er ein weißes Trachtenhemd mit Stehkragen, Haferlschuhe und die dazu passenden Trachtensocken.

Als Haferlschuhe werden robuste und bequeme Bergschuhe bezeichnet, die durch ihre Spitze in Schiffchenform auffallen. Der Begriff „Haferlschuh" kommt nicht, wie man meinen könnte, von Hafer, sondern wahrscheinlich von der englischen Bezeichnung „half a shoe".

Die Braut trägt Dirndlschuhe mit silberner Schließe. Die Haare hat sie zu einer kunstvollen Hochsteckfrisur mit französischem Zopf gestylt und mit roséfarbenen Einsteckblüten geschmückt.

Die gleichen Blüten tauchen in ihrem Brautstrauß auf, der rundgebunden Rosen verschiedenster Rosétöne vereint. Am Griff ist er mit himmelblauen Bändern verziert.

 **Schleifensprache**

Ein Wort noch zur Schürze. Es ist keineswegs egal, an welcher Stelle die Schleife sitzt. Die jungvermählte Braut trägt sie rechts. Das gilt für alle verheirateten Frauen. Die Ledige trägt sie links, die Jungfrau vorn und die Witwe rechts.

So werden durch die Schleifensprache Eingeweihten Basisinformationen zu Familienstand und mehr bekanntgegeben.

Den Gästen können Sie freistellen, inwieweit sie sich „landfein" zurechtmachen möchten. Hauptsache, sie kommen und bringen gute Laune mit.

Die Gäste nehmen auf Bierbänken Platz – das fördert die Gemeinschaft unge-

❋ „O'zapft is!"

Mit einer zünftigen Brotzeit, die auf der angrenzenden Bauernhofwiese eingenommen wird, starten Sie fulminant in Ihre Feier.

Auf einem weiß eingedeckten Büffettisch stehen Laugenbrezen, Weißwürste, süßer Senf, Radieschen und Radi (Rettich) zum Verzehr bereit. Dazu gibt's kühles Weißbier zum Selberzapfen. Wie ein frischer Farbtupfer wirkt das in sonnengelbe Servietten eingeschlagene Besteck, das in dekorativen Metalleimern auf seinen Einsatz wartet. Alternativ zu den Laugenbrezen wird Stangenweißbrot in Weidenkörbchen gereicht.

mein. Die Biertische sind mit weiß-blau-gerauteten Tischdecken bekleidet; aus kleinen metallenen Milchkannen quellen bunte Wiesenblumensträuße. An der mittleren Kanne hängt jeweils ein Holzherz mit der Tischnummer – einfach schön.

Zwischen den Bäumen haben Sie bunte Lichterketten angebracht. Auf einer Wimpelgirlande sind – Wimpel für Wimpel – die Namen des Brautpaares zu lesen.

Während des Essens unterhält eine bayerische Band die Gesellschaft mit schmissiger Volksmusik. Später am Abend sorgt ein DJ in der Remise des Hofs für Stimmung.

Dort wird auch das Nachtmahl eingenommen. Traditionell besteht es aus einem Schweinsbraten mit Sauerkraut und Kartoffelknödel. Eine nicht minder deftige Süßspeise, wie zum Beispiel Dampfnudeln mit Vanillesoße, beschließt das Essen.

Nach diesem opulenten Festmahl ist auch dem letzten Gast klar, was es mit dem Bescheid-Tüchlein auf sich hat.

👍 Das Bescheid-Tüchlein

Am Ende einer Feier ist es vor allem in Südbayern Sitte, Speisereste in ein sogenanntes Bescheid-Tüchlein einzupacken und mit nach Hause zu nehmen. In dem kleinen meist aus Leinen gefertigten Tuch wird umgekehrt ein kleiner Geldbetrag zum Fest mitgenommen.

Ein schöner Brauch – besonders wenn Sie sich Geldgeschenke wünschen. Informieren Sie Ihre Gäste vorab über diese kreative Festeinlage, und verschicken Sie zusammen mit der Einladung solch ein Tuch – am besten in Blau-Weiß, um bereits im Vorfeld auf Ihr Hochzeitsthema einzustimmen.

33 Mühlenhochzeit
Mit der Kraft von Wind und Wasser

Eine Mühle ist ein ganz besonderes Bauwerk. Hier wurden erneuerbare Energien wie Wind oder Wasser bereits vor Jahrhunderten wie selbstverständlich genutzt.

Ein faszinierender Ort für eine Hochzeit, an dem eindrucksvoll gezeigt wird, wie ehemals aus nachhaltigen Quellen ökologisch vorteilhaft und wirtschaftlich sinnvoll gearbeitet werden konnte.

Wind- und Wassermühlen gehören zu den ältesten Kraftmaschinen der Menschheit, die nicht durch menschliche oder tierische Muskelkraft angetrieben werden. Ab dem Mittelalter bis zum Ende des 19. Jahrhunderts waren Wasser- sowie Windmühlen in ganz West- und Mitteleuropa verbreitet. Sie heiraten sozusagen dort, wo regenerative Energien erstmalig eingesetzt wurden.

Im Mühlenraum

Viele umgebaute Mühlen bieten heute ihre Räume zum Feiern von Festen – ganz besonders von Hochzeitsfesten – an. Oftmals können Sie direkt am Ort des Geschehens, im Mühlraum, feiern.

❀ Schrot und Korn

Da viele der Mühlen ehemalige Getreidemühlen waren, liegt es nahe, für die Tisch- und Raumdekoration echte Getreideähren zu verwenden.

Binden Sie kleine Getreidesträuße mit braunen Satinschleifen an die Rückenlehnen der Stühle. Stellen Sie einen großen Getreidestrauß in einen Messingkrug auf das Getränkebüfett, verteilen Sie Getreidekränze an den Wänden, und umkleiden Sie mit üppigen Getreidegarben stattliche Bodenleuchter für Kerzen. Ein Duft nach Sommer breitet sich aus.

weißes Schmucketikett mit Ihren Initialen und dem Hochzeitsdatum haben Sie auf den Fläschchen angebracht.

Die schöne Müllerin

Die Braut ist in ein weißes Hochzeitskleid mit Carmen-Ausschnitt gehüllt. Diese Form des Auschnitts betont vor allem Schultern, Dekolleté und Hals und schmeichelt seiner Trägerin. Eine angesetzte Schürze verleiht dem Kleid ländlichen Charme.

Die Haare wurden am Hinterkopf hochgesteckt und weiße Blüten hineingearbeitet.

Der dazu passende Brautstrauß ist rund aus weißen Wildblumen gebunden mit einzelnen Ähren, die aus ihm herausragen.

Der Bräutigam trägt einen klassischen dunklen Anzug mit Krawatte und eine weiße Blüte am Revers.

Auf den weißgedeckten Tischen stehen ebenfalls kleine Getreidegarben, mit braunen oder schwarzen Satinbändern umwickelt.

Auf den Servietten liegen cremefarbene Menükarten aus hochwertigem Büttenpapier. Sie wurden mit braunem oder schwarzem Satinband umbunden und mit einer Ähre geschmückt.

Als Gastgeschenk steht neben jedem Gedeck ein kleines Fläschchen Weizenkorn in brauner Steinzeugflasche. Ein

> ### 🎁 Vom Backen und Schwarzbrennen
>
> In vielen Mühlen wird dem Festpublikum ein umfangreiches Begleit-Programm geboten, das von einer Mühlenführung, einem Backfest oder Schmiedekurs bis zu einer Schwarzbrennervorführung reicht, bei der die Brautleute ein Schwarzbrennerdiplom mit einer Ähre von heimischen Getreidefeldern erwerben können.
>
> Ähre, wem Ehre gebührt.

34 Green Wedding

Im Einklang mit der Natur

Umweltfreundlich heiraten – das klingt zunächst einmal nach einem Widerspruch. Ist es aber nicht. Der grüne Gedanke lässt sich bei der Hochzeit viel einfacher umzusetzen, als man denkt.

Nach dem Motto „Reduce, Reuse, Recycle" entscheiden sich immer mehr Brautpaare für eine Hochzeit, die das Thema „Vermeiden, Wiederverwenden und Aufbereiten" mit einbezieht. „Handle umweltbewusst, aber unver- krampft" lautet die Devise. Von der Einladung bis zu den Gastgeschenken – ökologische Gesichtspunkte zu beachten macht nicht nur Freude, sondern gibt auch ein gutes Gefühl.

Bio-Location

Suchen Sie sich zum Feiern einen romantischen Bauernhof oder ein schönes Weingut, das für die meisten Hochzeitsgäste gut zu erreichen ist. Weniger Reisen entlastet die Umwelt.

Ein angrenzender See mit einem Holzsteg sorgt zusätzlich für eine entspannte Atmosphäre.

Das Hochzeitsoutfit – ökologisch verträglich

Wählen Sie für Ihr Hochzeitskleid einen Stoff aus organischen Fasern wie Hanf, Leinen, Seide oder Baumwolle, und achten Sie darauf, dass er biologisch fair produziert wurde.

Hier ist das Kleid ein Traum in Weiß aus Satin und Organza. Der One-Shoulder-Ausschnitt betont verführerisch die schöne Hals- und Schulterpartie der Braut.

Der Bräutigam trägt einen hellen Leinenanzug mit dunkler Weste und weißem Hemd.

Umweltaspekte bei der Dekoration

Schmücken Sie den Weg zu Ihrer Location mit einem Spalier aus rot-weißen Blütenkugeln, für die Sie ausschließlich Blumen aus der Umgebung verwenden. Ein Holzschild am Eingangstor mit dem Hinweis auf Ihre Feier und eine Stoffherzen-Girlande am Zaun machen sich hervorragend und weisen die Gäste schon von Weitem auf das Fest hin. Die Herzen wurden aus Stoffresten gefertigt und als Füllung recyclebare Schurwollekügelchen genommen.

Die Dekoration Ihrer Festtafel kann ebenfalls umweltfreundlich gestaltet werden. Wählen Sie dafür natürliche, kompostierbare Elemente wie Zweige, Blätter, Efeuranken, Kastanien und Eicheln. Als Streudekoration verteilen Sie Blütenblätter über dem Tisch.

Statt Schnittblumen stellen Sie kleine Topfpflanzen auf, die später eingepflanzt werden. Bei den Kerzen für die Leuchter achten Sie auf recyceltes Kerzenwachs, oder Sie kaufen Bienenwachskerzen.

Die Menükarten sind aus umweltfreundlichem Naturpapier gestaltet, ein kleiner Zweig schmückt die Platzkarte. Selbstgemachte Marmelade im wiederverwendbaren Glas steht als Gastgeschenk bereit.

♥ Stoffherzen-Girlande

Material

❯ Stoffreste (Filz, Bezugs- oder Leinenstoffe, kariert, gepunktet, uni oder mit Blümchendesign)

❯ Bänder und Kordeln

❯ Füllwatte (Schurwollekügelchen oder Baumwollflies)

❯ Wäscheklammern aus Holz

❯ Nähgarn

❯ Zeitung, Bleistift, Schneiderkreide, Schneiderschere, Stecknadeln, Sticknadel, Nähnadeln, evtl. Nähmaschine

Stellen Sie aus Zeitungspapier eine Herzschablone her. Malen Sie dazu ein halbes Herz an den Bruch der Zeitungsseite und schneiden Sie es aus. Ihr Herz sollte ausgeklappt von oberer Kerbe zu unterer Spitze etwa 20-30 cm messen.

Die Schablone auf den Stoff auflegen, mit Schneiderkreide umfahren und ausschneiden. Pro Stoffherz benötigen Sie zwei Herzformen. Die Herzen aufeinanderlegen, mit Stecknadeln fixieren und mit geradem Stich ½ cm vom Rand entfernt umnähen. Mindestens zwei Zentimeter offen lassen.

Das Herz wenden und mit Füllwatte befüllen. Die offene Naht schließen und das Herz eventuell nochmals knappkantig umnähen.

Für die Aufhängung ein Stück Band oder Kordel mit einer Nadel mittig oben durch das Herz stechen und verknoten.

Für die Girlande ein Stück Kordel an einen Gartenzaun binden und daran mit Wäscheklammern die Stoffherzen befestigen.

Speisen und Getränke

Achten Sie bei der Auswahl Ihres Caterers darauf, dass er regionale Speisen aus lokal produzierten Lebensmitteln anbietet. Oftmals hat er auch Bioweine im Programm.

Sphärische Musik

Die musikalische Untermalung des Festes ist dann ökologisch sinnvoll, wenn kein Strom dafür benötigt wird. Ein Harfenspieler kommt ohne technische Hilfsmittel aus und unterhält die Gesellschaft dezent und unaufdringlich mit seinen himmlischen Klängen.

35 *Countryflair*

Schicke Scheunenhochzeit

Optimal für richtiges Country-Feeling ist ein Landgasthof mit Scheune und angrenzendem Getreidefeld. Hier können Sie mit Ihrer ganzen Hochzeitsgesellschaft in idyllischer Umgebung nach Herzenslust feiern.

Am besten lassen Sie Ihre Gäste bereits bei der Anfahrt in die richtige Stimmung kommen. Ein Traktor mit festlich dekoriertem Planwagen bringt alle Geladenen zum Ort der Feier. Dort werden sie von Ihnen mit einem urigen

Sektempfang erwartet: Holzfässer dienen als Stehtische und Heuballen als Sitzgelegenheit. Eine Countryband lässt fetzigen Western, Country und Swing von einer Holzbühne erschallen – ein starker Start in ein großartiges Fest!

Die Braut nutzt den Traktor gleich als Fotomotiv für natürliche und lebendige Hochzeitsbilder. In ihrem weißen Rocabillykleid mit weit schwingendem Petticoat sieht sie auf dem Sitz der Landmaschine einfach bezaubernd aus.

Ihren Brautstrauß hat sie derweil zur Seite gestellt. Auch er ist etwas Besonderes.

Brautstrauß mit Henkel

Statt für ein Gebinde hat sich die Braut für ein Gesteck in Form einer Tasche entschieden. Hierzu wurden auf einer Strohrolle Wiesenblumen, Margeriten und kleine Sonnenblumen angebracht. An zwei Henkeln lässt sich die Brautstraußtasche bequem tragen.

✿ Sommerliche Sonnenblumen

Die Sonnenblumen sind gleichzeitig das Hauptelement der Hochzeitsdekoration. Sie sind das ultimative Symbol für den Sommer und werden zudem als Sinnbild für Wachstum und Entwicklung angesehen. Außerdem stehen sie für das Licht, was durch die Blütenfarbe noch bekräftigt wird.

Aufgrund ihrer Größe benötigen Sonnenblumen kaum zusätzliche Elemente als Schmuck. Lassen Sie für die Tischdekoration leuchtend gelbe Blütenköpfe wie ein Band über die langen Tafeln in der Scheune laufen. Dazwischen stellen Sie Windlichter auf und verteilen ein paar Zierkürbisse – fertig ist die zauberhafte Countrydeko.

Als Gastgeschenk liegen mit kleinen Deko-Sonnenblumen geschmückte Jutesäckchen auf den Tellern. Sie enthalten typisch amerikanische Süßigkeiten wie beispielsweise Fruchtgummis mit Wassermelonengeschmack oder die kultigen, mit farbiger Zuckerglasur ummantelten Erdnüsse.

Weitere Sonnenblumen finden sich auf den Cupcakes, die Sie statt einer Hochzeitstorte servieren, sowie auf der gesamten Hochzeitspapeterie. Selbst auf den Partytellern für das Barbecue blühen die großen Blumenköpfe und sorgen für einen guten Appetit auf die Fleisch-, Scampi- und Gemüsespieße frisch vom Grill.

Als Highlight des Scheunen-Festes überraschen Sie Ihre Gäste mit einem Squaredance, dem schwungvollen Volkstanz aus den USA, der auch bei uns immer mehr Anhänger findet.

♬ Squaredance

Bei diesem Tanz stellen sich je vier Paare zu einem „Square", einem Quadrat, auf. Getanzt wird nach moderner Countrymusik im 2/4 Takt. Tanzen heißt in diesem Fall hauptsächlich gehen: nach vorn, zur Seite und manchmal auch nach hinten. Die einzige wirkliche Tanzfigur ist der „Swing", eine schnelle paarweise Drehung.
Im Wesentlichen geht es darum, in welche Richtung man geht, wohin man sich wendet, und in welcher Formation man sich im Square wiederfindet. Ein sogenannter „Caller", der als Tanzmeister auftritt, koordiniert mit seinen „Calls" die Tanzfolgen. Sobald er Ihren Gästen die ersten Schritte und Figuren beigebracht hat, kann es losgehen. Das Schöne beim Squaredance als Festeinlage: Er kann generationsübergreifend von allen Gästen getanzt werden – besonders auch von denjenigen, die sonst schwer auf die Tanzfläche zu locken sind.

36 Im Schatten alter Apfelbäume

Ländliche Hochzeit

Sie gelten als Bäume des ewigen Lebens. Apfelbäume sind das Sinnbild für ausgewogenes Geben und Nehmen in der Liebe. Was kann schöner sein, als unter alten Apfelbäumen sein Hochzeitsfest auszurichten?

Feiern können Sie beispielsweise auf der Apfelwiese eines historischen Obsthofes, eines Landguts oder eines Gestüts. Wenn Sie selbst einen eigenen großen Garten mit Apfelbäumen besitzen, sind Sie fein heraus. Dann haben Sie Ihre Wunschlocation gleich vor der eigenen Haustür.

Äpfel im Busch

Das Hauptelement für die Dekoration zu finden, ist nicht schwierig: Äpfel bieten sich an, und zwar in allen Variationen.

Verschicken Sie als Erstes Einladungskarten in Apfelform an Ihre Gäste, die Sie mit etwas Apfelduft parfümieren. An Ihrem großen Tag verteilen Sie mit Äpfeln gefüllte Pflückkörbe und Apfelkisten dekorativ über die Wiese und hängen rote und grüne Lampions in die Bäume.

Stellen Sie danach eine lange Tafel zusammen, und decken Sie sie mit weißen Leinentischdecken ein. Tische und Stühle dürfen ruhig bunt gemischt sein, Hauptsache sie passen in der Sitz- und Esshöhe zueinander.

Als Tischkarten verwenden Sie goldene Deko-Äpfel, an deren Stielen Sie kleine Namensschilder festbinden. Goldene Äpfel sind ebenfalls symbolträchtig. In der griechischen Mythologie wachsen im Garten der Hesperiden, der Töchter des Atlas, diese goldenen Früchte, die ewige Jugend spenden. Ein guter Wunsch für Ihre Gäste.

Dickwandige Glasflaschen mit selbstgemachtem Apfelsaft und Weidenkörbe mit Äpfeln greifen das Leitmotiv wieder auf.

In vollkommener Harmonie

Sie als Hochzeitspaar haben sich bei der Wahl Ihres Outfits an die Umgebung angepasst. Die Braut trägt ein trägerloses Kleid aus weißer Seide, das ihre Figur umschmeichelt. Ins Haar hat sie sich einen duftigen Schleier gesteckt und um den Hals eine schlicht-elegante Perlenkette gelegt.

Der Bräutigam erscheint passend dazu im dunklen Anzug mit weißem Hemd und lachsfarbener Krawatte.

Die Krawatte wiederum harmoniert mit dem Brautstrauß, der aus dicken lachs- und cremefarbenen Bauernrosen besteht, aufgelockert durch Lilien und eingebundene Gräser. Eine Manschette aus frischem Grün gibt dem Strauß durch farbliche Tiefe optischen Halt.

Der kulinarische Höhepunkt des Festes kommt ein letztes Mal auf Ihr Wunschthema zurück. Es gibt echten Flammkuchen mit Äpfeln, gewürzt mit Zimt und flambiert mit Calvados.

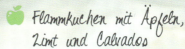 Flammkuchen mit Äpfeln, Zimt und Calvados

Flammkuchen ist eine Spezialität aus der süddeutsch-französischen Grenzregion. Im Elsass, in der Pfalz und in Baden wird dieser dünne Brotteigkuchen traditionell mit einem Belag aus Rahm, Zwiebeln und geräuchertem Schinken hergestellt.

Seinen Namen erhielt er von den Flammen der noch brennenden Kohle, die aus dem Holzofen loderten, während er eingeschoben wurde.

In etwa sechs Stücke zerteilt werden Flammkuchen auf Holzbrettern serviert und mit den Händen gegessen. Am besten schmeckt er in geselliger Runde zu einem guten Glas Wein.

Süße Varianten des Flammkuchens sind ebenfalls beliebt. Zur Feier dieses ganz besonderen Hochzeitsfestes gibt's köstlichen Apfelflammkuchen, mit Zimt bestreut.

Der Clou: Am Tisch wird der noch heiße Kuchen mit Calvados übergossen und mit einem langen Streichholz angezündet – Wow! Der Alkohol verfliegt und der doppelt geflämmte Flammkuchen ist nun um die reine Apfelnote der Edelspirituose bereichert.

Ein Tag wie kein

anderer ...

Wo Liebe sich freut,
da ist ein Fest.

AMBROSIUS (339-397),
KIRCHENLEHRER, BISCHOF VON MAILAND

Teilen Sie Ihre Freude mit Ihren liebsten Verwandten und besten Freunden! Feiern Sie Ihren schönsten Tag mit einem unvergesslichen Fest und allem, was dazugehört.

Wichtig ist, dass die Feier ganz und gar zu Ihnen passt, Ihre Lieblingsfarbe und Vorlieben widerspiegelt. Indem Sie authentisch bleiben, übertragen Sie Ihr Wohlgefühl auf Ihre Gäste.

Lassen Sie sich von den Festideen dieses Kapitels inspirieren, stellen Sie sich die Vorschläge als Ihre Feier vor und überlegen Sie, welche Version Sie am besten umsetzen können. Nehmen Sie sich Zeit, bis Sie wissen, dass alles stimmt, und freuen Sie sich auf eine der bewegendsten Feiern Ihres Lebens

37 Ganz in Weiß

Der Klassiker – fein und edel

Die Farbe Weiß ist nach wie vor die ultimative Hochzeitsfarbe. Sie symbolisiert für Europäer das Gute wie Licht und Reinheit. Als Farbe ist sie außerordentlich vielseitig. Je nach Lichteinfall wechselt sie ihren Ausdruck und bringt andersfarbige Speisen und Dekorationen besonders gut zur Wirkung.

Kombinieren Sie die Farbe Weiß mit edlen Satinbändern, die für das „Band der Liebe" stehen, zu einer ausdrucksstarken Festaussage. Bereits die Einladungskarte ziert das Leitmotiv und stimmt die Gäste auf die Feier ein.

Die Feier selbst kann in den eigenen Räumen wie in einem großen Festsaal oder Schloss stattfinden. Die edle At-mosphäre entsteht durch die stimmige Dekoration. Kronleuchter und weiße Deckenlaternen bringen zusätzlich Stimmung.

💜 **Edle Satinbandkarten mit Ringsymbole**

Besorgen Sie sich einfache Klappkarten mit Ringmotiv. Schneiden Sie Transparentpapier mittlerer Stärke in Kartengröße zu, und drucken Sie den Text Ihrer Hochzeitseinladung darauf. Falten Sie die Papiere zur Hälfte, und legen Sie sie in die Klappkarten ein. Fixieren Sie mit Klebstoff ein etwa 50 cm langes Stück weißes Satinband mittig im Falz der Karte, schließen Sie die Karte, und binden Sie die Enden zu einer Schleife.

Dasselbe Prinzip können Sie für Ihre Menü- und Tischkarten wiederholen.

🍏 Sektvariation: Der Bellini

Pro Glas benötigen Sie einen halben weißen Pfirsich, Prosecco und etwas Zuckersirup. Den Pfirsich pürieren und in einem Glas mit Prosecco auffüllen. Etwas Zuckersirup hinzugeben und möglichst kalt genießen.

Zur Begrüßung wird traditionell Sekt oder Champagner und Sekt-Orange gereicht. Variieren Sie, und bringen Sie etwas Besonderes: Mit dem fruchtigen „Bellini" liegen Sie garantiert richtig. Passenderweise wurde er in Venedig, der Stadt der Liebenden erfunden.

Die Tischdekoration ist ganz in Weiß gehalten. Achten Sie auf edle Tischwäsche aus Damast oder Satin. Die Servietten werden stilecht aus demselben Stoff wie die Tischdecke gewählt.

Mit der Hochzeitstorte greifen Sie das Liebesbandmotiv wieder auf, indem Sie sie mit weißen Marzipanschleifen verzieren lassen. Klassisch ist eine selbsttragende, dreistufige Cremetorte. Selbsttragend werden die Torten genannt, die ohne Etagere auskommen und nacheinander von oben nach unten angeschnitten werden können, ohne zusammenzufallen – eine hervorragende Konditorenleistung.

Die Braut trägt selbstverständlich ein weißes langes Hochzeitskleid mit Schleier. Als Brautstrauß bietet sich ein Rundstrauß aus weißen Rosen mit Schleierkraut an, der zart von Satinbändern zusammengehalten wird.

Um Mitternacht sorgen die Brautleute mit dem Hochzeitswalzer für einen romantischen Höhepunkt. Sie stehen noch einmal im Rampenlicht, und alle Gäste können sich an Ihrer Verliebtheit erfreuen.

👍 Lounge-Ecken

Chillige Lounge-Ecken liegen absolut im Trend! Sehen Sie gemütliche Ecken mit bequemen Sofas und Sesseln und niedrigen Tischen vor, die zum Platznehmen einladen.

38 Romantische Nacht

Feiern mit spanischem Flair

Gitarrenklänge und Lagerfeuerromantik – das ist es, was sich viele Brautpaare von einer Gartenhochzeit erträumen. Die Vorstellung, draußen zu sitzen, bis tief in die Nacht hinein zu feiern und dabei alle um sich zu wissen, die einem wichtig sind, ist überaus verlockend. Dazu ein Ambiente, das an eine spanische Fiesta erinnert: Musik und Tanz, Paella und Kastagnetten.

Das Wichtigste für die Vorbereitung der Feier sind zunächst einmal ein Zelt und ein Gelände, auf dem Sie das Zelt aufschlagen dürfen. Zelte gibt es in den verschiedensten Formen und Ausführungen zu mieten. Besonders gut zum stilvollen Feiern geeignet sind die eleganten Pagodenzelte mit ihren spitz zulaufenden Dächern. Achten Sie darauf, dass das Zelt beheizbar ist und die Zeltwände sich leicht öffnen lassen. Und: Sehen Sie Kassetten aus Holz oder Kunststoff als Bodenbelag vor. Das ist nicht nur für die Tanzfläche ein Muss. Normaler Gras- oder Erdboden weicht mit der Zeit auf und kann mit feinem Schuhwerk nicht mehr betreten werden.

Halten Sie darüber hinaus Decken bereit. Bei Wind und plötzlich einsetzender Kälte erhöht das den Wohlfühlfaktor sofort.

🎵 Flamenco

Diese bewegende spanische Musik stammt aus Andalusien und geht auf Einflüsse unterschiedlicher Kulturen zurück. Typisch für den Flamencotanz sind aufwändige bunte Kleider, Kastagnetten und Schuhe mit Holzabsätzen, mit denen der Rhythmus geschlagen wird.

Die Figuren sind immer expressiv. Mit ihrem ganzen Körper, mit Gesten und Mienenspiel drücken die Tänzer und Tänzerinnen starke Gefühle von Lebensfreude, Sinnlichkeit und Verführung bis hin zu Wut, Schmerz und Verzweiflung aus. Neben den Tänzern gehören zu einer Aufführung auch spezielle Flamencogitarristen und -sänger.

Gitarrenklänge

Sie sind unerlässlich für ein romantisches Flair. Untermalen Sie Ihr Fest mit spanischer Gitarrenmusik - am besten live. Als Krönung lassen Sie dann zu späterer Stunde eine Flamencogruppe auftreten. – Ein ganz besonders sinnlicher Genuss, wie geschaffen für eine Hochzeitsfeier.

Eventuell können Sie die musikalische Untermalung des Festes und die Tanzaufführung miteinander kombinieren.

149

Stilvoll in Schwarz

Zum spanischen Flair gehört natürlich auch ein Hochzeitspaar, das zumindest annähernd landestypisch gekleidet ist. Für den Bräutigam reicht ein Anzug in dezentem Schwarz. Dazu wird eine weiße Weste auf weißem Hemd getragen und – jetzt kommt's: ein feuerroter Plastron (edle, etwas breitere, meist vorgebundene Herrenkrawatte) sowie ein gleichfarbiges Einstecktuch.

Die Braut hat es da schon schwerer – sie muss sich zwischen zwei Möglichkeiten entscheiden. Die traditionelle spanische Braut trägt ein schwarzes Seidenkleid mit einem schwarzen Spitzenschleier. Das hat Stil, ist ungewöhnlich und absolut ausgefallen. Die modernen Brautkleider im spanischen Stil sind betörende Stoffträume in Weiß und erinnern ein wenig an die Roben der Flamencotänzerinnen: figurbetont mit einem bis zu den Knien eng anliegenden Rock. Beide Varianten erfordern eine selbstbewusste Braut, die es genießt, das optische Highlight des Tages zu sein.

Lagerfeuerromantik

Stellen Sie Feuerkörbe rund um das Festzelt auf – die offenen Flammen sorgen für eine romantische Atmosphäre. Oder, noch besser, versuchen Sie die Erlaubnis für ein großes Feuer zu erhalten, das Sie bei Dunkelheit entfachen können.

Zum Essen reichen Sie Paellas, Tapas und Gazpacho sowie Wein und Sangria. Wer grillen möchte, kann sich an Chorizo-Pflaumen versuchen, einer köstlichen spanischen Spezialität:

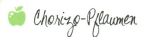 *Chorizo-Pflaumen*

Zutaten:
Chorizo (Paprika-Bratwürste)
Basilikumblätter
Backpflaumen
Frühstücksspeck
Olivenöl

Zubereitung:

1. Die Würste in kleine Stücke schneiden, um die Sie je ein Basilikumblatt wickeln.

2. Die Backpflaumen seitlich einschneiden und mit der Wurst füllen.

3. Die gefüllten Pflaumen in den Speck einschlagen und mit Zahnstochern fixieren.

4. Die Pflaumen auf eine Alu-Grillschale geben, mit Olivenöl beträufeln und auf einem heißem Grill garen, bis der Speck knusprig ist.

39 Italienischer Abend

Mit Temperament und Stil

„Per cent'anni!" Mit diesem Ausruf der Gäste, der dem Brautpaar einhundert Ehejahre bescheren soll, wird die Hochzeitsfeier in Italien eröffnet.

Ein temperamentvoller Festauftakt, der sofort Schwung in die Hochzeit bringt.

Als Location eignet sich sowohl ein weißes Zelt wie ein heller Festsaal. Besonders schön, wenn sich viele Grünpflanzen im Innenbereich befinden, die mit Lichterketten geschmückt werden.

❀ Serviette: Blütenfächer

Für die Serviettenfaltung benötigen Sie feste Stoff- oder Papierservietten von mindestens 50 cm Kantenlänge.

Öffnen Sie die Serviette, und falten Sie die oberen und unteren Seitenkanten auf die Mitte. Klappen Sie die untere Serviettenhälfte nach oben, und legen Sie die Form der Länge nach in acht Ziehharmonika-Falten. Dann die Serviette so fassen, dass die offene Kante nach oben zeigt. In jede Falte ein kleines Dreieck knicken und auf der Rückseite wiederholen. Anschließend ziehen Sie den Fächer auseinander und setzen ihn auf den Teller.

Der Tisch ist komplett in Weiß eingedeckt, hohe, mehrarmige Kerzenleuchter in Silber sorgen für ein edles Ambiente. Flache Tischgestecke mit der Blumenpalette des Brautstraußes vervollständigen das Bild. Tisch- und Menükarten sind ebenfalls in Weiß-Silber gehalten. Die Serviette in Form eines Blütenfächers wirkt heiter-verspielt.

Mit ihrem weißen schulterfreien Brautkleid, dem hüftlangen Schleier und den fingerlosen Handschuhen ist die Braut der strahlende Mittelpunkt der Feier. Für italienische Bräute steht der Schleier für Unschuld und Jungfräulichkeit. Sie tragen ihn über dem Gesicht, bis er nach der Trauzeremonie vom Bräutigam gelüftet wird. Der Bräutigam selbst hält ein kleines Eisenstück in der Hose, um böse Geister fernzuhalten.

Der Brautstrauß aus Rosen, Japanischen Iris und Schleierkraut ist etwas ganz Besonderes: Als Armstrauß gebunden, lässt er seiner Trägerin die größtmögliche Bewegungsfreiheit, was beim Begrüßen der Gäste durchaus vorteilhaft sein kann.

Bei der Auswahl der Menüfolge stehen natürlich italienische Speisen auf dem Plan. Traditionell wird gegrilltes Lamm mit Pasta und frischem Obst und Gemüse serviert. Als Vorspeise bietet sich Caprese, der italienische Tomaten-Mozzarellla-Salat an.

🍏 Caprese: Tomaten-Mozzarella

In Rot, Weiß und Grün, den Farben der italienischen Flagge, präsentiert sich der „Insalata caprese", der den Ruf eines Nationalgerichtes genießt. Herzustellen ist er denkbar einfach: geschnittene Tomaten- und Mozzarella-Scheiben schichtartig hintereinanderlegen und mit Basilikumblättern belegen. Mit Salz und Pfeffer würzen und etwas Olivenöl beträufeln. Auf gebogenen Vorspeisenlöffeln serviert, ist dieses Antipasto ein echter Hingucker.

Nach dem Essen dürfen sich die Gäste genüsslich bei einem Glas Marsala für die Damen und Grappa für die Herren zurücklehnen, mit dem Nachbarn plaudern und auf das Brautpaar anstoßen.

Nicht allzu lange, denn die Kapelle, die bis dahin für dezente Hintergrundmusik gesorgt hat, stimmt den Tarantella an.

🎵 Tanz: Tarantella

Dieser aus Süditalien stammende Volkstanz geht auf eine Legende zurück, nach der eine Braut sich durch Tanzen von dem Biss einer giftigen Vogelspinne heilen konnte. Er ist leicht zu erlernen, sodass alle sofort mittanzen können.
Üben Sie vor der Feier den Tarantella ein und sprechen Sie mit der Kapelle genau ab, wann er gespielt werden soll. Gegen Mitternacht küsst sich das Brautpaar und wirft mit großem Schwung gemeinsam ein Glas auf den Boden. Die Zahl der Scherben soll die Anzahl der glücklichen gemeinsamen Jahre anzeigen.
Die Gäste sind begeistert und feuern die Frischvermählten mit lautstarken Rufen „Evviva gli sposi" – Lang lebe das Brautpaar – an.

„Evviva!"

40 Pink Wedding

Hochzeitstraum in Rosa

Wenn Sie die Farbe Rosa lieben und sie zu Ihrer Hochzeitsfarbe machen wollen, dann liegen Sie absolut im Trend. Rosa strahlt Lebensfreude und Optimismus aus – was gibt es Besseres für eine Hochzeitsfeier?

Um Ihren Traum Wirklichkeit werden zu lassen, benötigen Sie einen möglichst hellen Raum, der mit weißen und rosafarbenen Girlanden und Blumenbouquets geschmückt werden kann. Als Tischwäsche machen sich Tischdecken in Pink ausnehmend gut, das Geschirr ist weiß.

Auf ebenfalls weißen Servietten liegen pinkfarbene Tischkärtchen mit weißen Hochzeitsglocken als Motiv.
Kleine Gläser mit Rosen und Nelken in den Farben des Hochzeitsstraußes zaubern eine verspielte Feststimmung auf den Tisch.

Das Essen wird als zwangloses Büfett angeboten und zum Nachtisch gibt's die Überraschung: Cupcakes, die angesagten Hochzeitstörtchen.

Rosen-Cupcakes

Für 24 Cupcakes benötigen Sie:

Teig:
300 g Zartbitterschokolade
250 g Butter
500 g Zucker
2 Päckchen Vanillinzucker
2 Prisen Salz
8 Eier
320 g Mehl
2 Tl Backpulver
24 Papierbackförmchen
Muffinblech

Creme:
4 Eiweiß
250 g Zucker
360 g weiche Butter
500 Himbeerpüree
Spritzbeutel
24 Marzipanröschen in Rosa mit grünen Blättchen

Zerteilen Sie die Schokolade in kleine Stücke, und schmelzen Sie sie im Wasserbad. Anschließend die übrigen Zutaten nach und nach unterrühren. Die Papierbackförmchen in die Mulden des Muffinblechs setzen und den Teig einfüllen. Bei 175° C (Umluft 150° C, Gas Stufe 2) für etwa 20 bis 25 Minuten backen.

Für die Creme das Eiweiß und den Zucker im Wasserbad schaumig schlagen, bis sich der ganze Zucker gelöst hat. Kalt stellen und anschließend die weiche Butter einrühren. Himbeerpüree zufügen und die Creme mit einem Spritzbeutel auf die Törtchen auftragen. Jedes Törtchen mit einem Marzipanröschen verzieren.

Die Braut kommt in einem zweiteiligen weißen Brautkleid, pinkfarbenen Schuhen und einem ebenfalls pinkfarbenen Brautbeutel. Statt eines Schleiers trägt sie eine raffinierte Hochsteckfrisur mit weißen Seidenblüten, die mit Haarspangen fixiert werden. Der Bräutigam lässt sich aus den gleichen Blüten eine Ansteckkadel fertigen. Dazu trägt er eine Krawatte in Rosa.

Der rundgebundene Brautstrauß aus weißen und rosafarbenen Rosen und Nelken fügt sich harmonisch in das Gesamtbild ein. Er wird zum Ende der Feier als belebende Festeinlage geworfen.

Zuvor bringen Sie jedoch Ihre Hochzeitsgesellschaft mit einer weiteren Festaktion in Bewegung: Wedding Blubbles, dem Seifenblasen-Spaß für Ihre Gäste. Die hübschen kleinen Gefäße mit der Flüssigkeit und dem Pustedraht werden unter anderem auch in Glockenform angeboten, dem Motiv Ihrer Tischkarten.

♫ *Brautstraußwerfen:*

Wer wird als Nächstes heiraten? Um diese Frage zu klären, findet das Brautstraußwerfen statt.

Die unverheirateten weiblichen Gäste versammeln sich hierzu hinter der Braut, die ihren Strauß rückwärts über die Schulter nach hinten wirft. Wer ihn fängt, wird bald zum Traualtar schreiten – so die Annahme.

Lassen Sie während der Aktion die passende Musik laufen. Songs, die sich eignen, sind beispielsweise:

➢ ABBA - Gimme! Gimme! Gimme!
➢ Motley Crue - Girls, Girls, Girls

🎁 Wedding Bubbles

Alles, was Sie für diese witzige Festeinlage benötigen, ist eine freie Fläche im Innen- oder Außenbereich, auf der Sie sich mit Ihren Gästen versammeln können. Sobald alle pusten, ist das Brautpaar in eine glitzernde Wolke aus Seifenblasen gehüllt. Ein Fotograf sollte diese Szene unbedingt festhalten!

41 Vintage-Hochzeit

Schwelgen im Retro-Look

Eine Hochzeit im Vintage-Stil versprüht nicht nur den nostalgischen Charme vergangener Tage, sie bietet auch großen Raum für Kreativität. Aus einem wunderbaren Mix aus stilvollen Erbstücken, zauberhaften Flohmarktschätzen und Do-it-yourself-Ideen entsteht ein Ambiente wie zu Großmutters Zeiten: verspielt, authentisch und einfach zum Dahinschmelzen. Vintage-Look, auch Retro- oder Shabby-Chic genannt, ist die Bezeichnung für Objekte, die etwa aus den 1920er bis 1970er Jahren stammen, ihre Funktionalität nicht verloren haben und über Charme verfügen.

Abgeblätterte Farbe oder Gebrauchsspuren sind keine Mängel, sondern machen die Schönheit des Unvollkommenen sichtbar. Auch die Kleidung dieser Zeit gehört dazu.

Eine Vintage-Hochzeit vereint Eleganz mit Behaglichkeit. Erdige Farben, Creme, Flieder und Rosé erzeugen ein Ambiente zum Wohlfühlen für Sie und Ihre Hochzeitsgäste.

Wichtig ist nur, dass das Gesamtbild stimmig ist. So sollten neben der Tisch- und Raumdekoration auch das Brautkleid, der Anzug des Bräutigams, die Hochzeitsblumen, die Hochzeitstorte und die Gastgeschenke zum Vintage-Stil passen.

Bereiten Sie auch Ihre Gäste auf den besonderen Stil des Festes vor – am besten bereits auf der Einladungskarte, damit sie sich ebenfalls passend kleiden können.

Die Vintage-Braut

Die Braut erscheint in einem Kleid aus Spitze in einem 20er-Jahre-Schnitt. Ein kleiner Hut und eine Retro-Brauttasche ergänzen den Look. Dazu ein nostalgischer Braut-Sonnenschirm, und der Auftritt ist perfekt.

❀ Tischdekoration im Retro-Look

Für eine wundervoll romantische Hochzeitsdekoration benötigen Sie einen
rustikalen Holztisch in Antikweiß. Verteilen Sie entlang der Tischmitte üppige Sträuße in Rosé, Weiß und Grün.
Mit dabei sind die gleichen weißen und
roséfarbenen Rosen, wie sie im Brautstrauß verwendet wurden.

Für das Gedeck wählen Sie cremefarbene Teller und ein altes möglichst

reich verziertes Silberbesteck. Die
großen weißen Stoffservietten liegen
zweimal längs zusammengeschlagen
und einmal mittig zur Hälfte gefaltet
vorn über die Tischkante herabhän-
gend unter dem Platzteller.

Statt der üblichen Menükarten haben
Sie runde Tortendeckchen mit aufge-
druckter Speisenfolge auf dem obersten Teller platziert.

159

Der Brautstrauß ist aus weißen und roséfarbenen Rosen gebunden und wird von einer Spitzenmanschette gehalten. Die für ihn gewählten Blumen werden in der Tischdekoration wieder aufgenommen.

Kleine Organzasäckchen mit goldfarbenen Pailletten wünschen: „Enjoy a little sparkle" – „Genieße ein kleines Funkeln", und ein Namensschild im

Gebäckkörbchen weist den Gästen liebevoll den Platz zu. – Das ist Vintage-Feeling pur.

Das Programmheft in Creme mit dem Nostalgiemotiv eines ballonfahrenden Brautpaares ist neben dem Teller angeordnet. So hat jeder Gast an seinem Platz alles in greifbarer Nähe, was er als Information zum Fest benötigt.

🎁 Berühmtesten Liebespaare

Wer möchte, kann zusätzlich noch Tischnummern zur besseren Orientierung aufstellen. Vergeben Sie als romantisches Aperçu statt der nüchternen Zahlen die Namen großer Liebespaare für Ihre Tische. Was halten Sie von:

Romeo und Julia, dem wohl berühmtesten Liebespaar der Weltliteratur aus der 1597 von William Shakespeare veröffentlichten Tragödie?

Bonnie und Clyde, dem mutmaßlich berühmtesten Gangsterpaar der Welt? Die beiden aus Texas stammenden Gauner wurden in unzähligen Filmen und Liedern beschrieben und verehrt.

Leonce und Lena, dem Liebespaar aus dem gleichnamigen Roman von Georg Büchner? Ihre Geschichte endet glücklich, was keineswegs für alle Liebespaare aus Literatur und Film gilt.

Rhett Butler und Scarlett O'Hara, den Protagonisten des Bestsellerromans von Margaret Mitchell sowie des gleichnamigen Films „Vom Winde verweht"?

Denkbar wären auch Künstlerpaare wie:

Camille Claudel und Auguste Rodin

Niki de Saint-Phalle und Jean Tinguely

Frida Kahlo und Diego Riviera

Oder Paare aus der griechischen Mythologie:

Hero und Leander

Medea und Lason

Ödipus und Iokaste,

Philemon und Baucis

Und was steht auf dem Tisch des Brautpaares? Richtig: die Vornamen der beiden frisch Angetrauten. Damit sind Sie als glückliches Hochzeitspaar aufgenommen in die Reihe berühmter Liebespaare aus Literatur, Kunst und Film.

Romantik pur

Liebe ist die Poesie der Sinne.

HONORÉ DE BALZAC (1799-1850),
FRANZ. SCHRIFTSTELLER

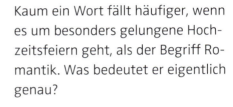

Kaum ein Wort fällt häufiger, wenn es um besonders gelungene Hochzeitsfeiern geht, als der Begriff Romantik. Was bedeutet er eigentlich genau?

Romantik ist die nachträglich gegebene Bezeichnung einer Kulturepoche vom Ende des 18. bis etwa Mitte des 19. Jahrhunderts, die sich auf Literatur, Kunst und Musik erstreckte. Motive der Romantik waren unter anderem Leidenschaft und Liebe, Sehnsucht und Seele sowie Schöpferisches und Traumhaftes.

Das alles passt wirklich wunderbar zur Hochzeit. Und wenn man bedenkt, dass eines der Ziele der Romantik in dem Bemühen bestand, die Grenzen zwischen Traum und Wirklichkeit aufzuheben, dann sind wir genau da angekommen, wo dieses Buch Ihnen zur Seite stehen möchte: Ihre Fantasie zu beflügeln, um Ihr traumhaft romantisches Hochzeitsfest Wirklichkeit werden zu lassen.

42 Heiraten am See

Mit dem Zauber weißer Schwäne

Stellen Sie sich vor: ein See mit zwei Schwänen, die ruhig ihre Bahnen ziehen. Daneben ein weißer Gartenpavillon, aus dem Musik aufsteigt. Leise Stimmen, Gläserklingen und ab und zu ein frohes Lachen. Das könnte Ihre Hochzeitsfeier sein.

Die Traumlocation, ein Restaurant, Hotel oder Schlösschen am See, sollte in Ihrer Nähe zu finden sein. Es reicht auch ein an einem See gelegenes Rasenareal, auf dem Sie ein Pagodenzelt aufstellen dürfen. Nicht der Festsaal, sondern das Wasser ist wichtig. Es bringt die verzauberte Stimmung, das besondere Flair. Am Wasser gibt's immer etwas zu sehen – wie beispielsweise Schwäne.

Wasser und Schwäne sind ein wunderbares Leitthema für die Gestaltung Ihrer Feier.

Schwanfiguren für die Tischdekoration zu finden ist nicht schwer. Schwäne gibt es als zauberhafte Stanzmodelle zum Hinstellen aus Papier für Tischkarten, als Steckobjekte für Blumengebinde und, aus Marzipan- oder Zuckermasse geformt, als Aufsetzer für die Hochzeitstorte. Die dekorativ geschwungene Form der Vögel macht sie zum Blickfang jeder festlichen Tafel.

Besonders schön sind Serviettenhalter-Schwäne aus weißem Porzellan. Die Serviette wird fächerartig zusammengefaltet, einmal längs geknickt und in einen Schlitz auf dem Rücken des Schwans gesteckt. Fächerschwäne verleihen dem festlich gedeckten Tisch

☞ Mythos Schwan

Kein anderer Vogel vereinigt so eng Mythologisches mit Sinnlich-Poetischem wie der Schwan.

Bei den Kelten galten Schwäne als Verkörperung der Seele. Ihr strahlend weißes Federkleid stand für Reinheit und edle Herkunft.

In der römischen Mythologie flog Venus, die Göttin der Liebe, in einem von Schwänen gezogenen Wagen durch die Lüfte. Leicht abgewandelt findet sich dieses Motiv in der Sage des Gralsritters Lohengrin wieder, dessen Nachen von zwei Schwänen gezogen wird.

Stärke und Mut wurden dem „König der Wasservögel" ebenfalls zugesprochen. Viele Adlige erkoren ihn deshalb zu ihrem Wappentier und schmückten ihre Schlossteiche mit ihm.

Wie lebendig diese Vorstellungen heute noch sind, zeigt sich an den Alsterschwänen von Hamburg. Als Wahrzeichen der Stadt werden sie seit 1818 von einem eigens für sie zuständigen Mitarbeiter des Bezirksamts, im Volksmund „Schwanenvater" genannt, betreut. Es ist unter Strafe verboten, ihnen Schaden zuzufügen oder sie zu beleidigen.

ein heiterbeschwingtes Flair. Um sie besonders gut zur Wirkung zu bringen, sollten Sie helle Farben für die Dekoration verwenden und als Basis neutrales Weiß einsetzen.

Ebenfalls gut in dieses Leitthema zu integrieren sind Federn. Sie verweisen auf die Anwesenheit der mystischen Vögel oder sogar auf die Ähnlichkeit mit ihnen. Das geschieht beispielsweise, wenn Sie ein Brautkleid mit einem Federschmuck wählen. Eingearbeitet in die Corsage, einzeln über Rock und Schleier verteilt, oder dekorativ gruppiert auf dem Bolero zusammengefasst, verleihen Federn optisch dem Brautlook Flügel.

Balletttänzerin und Pianist

Mit den Schwänen haben Sie ein edles Motiv gewählt, voller Anmut und Grazie. Das sollte sich auch auf das übrige Fest übertragen. Was könnte besser Anmut und Grazie verkörpern, als eine

Balletttänzerin, die in ihrem weißen Tanzkleid schwanengleich übers Parkett schwebt? Eine wunderbare Idee für Ihre Feier! Engagieren Sie die Balletttänzerin zusammen mit einem Pianisten, und Ihre Gäste werden begeistert sein.

Zum Schluss des Festes haben Sie noch eine besonders romantische Überraschung vorgesehen, die das Hauptthema wieder aufgreift. Zusammen mit Ihren Gästen verwandeln Sie den See bei Einbruch der Dunkelheit in ein bezauberndes Lichtermeer aus gefalteten Papierschwänen, die von Teelichtern beleuchtet werden.

Für das Fest falten Sie die Schwäne vor, sodass Ihre Gäste nur noch die Teelichte einsetzen und anzünden müssen. Belohnt wird der Aufwand mit dem grandiosen Anblick vieler leuchtender Papierschwäne, die auf dem stillen See gemächlich ihre Bahnen ziehen und sich dabei auf der Wasseroberfläche spiegeln.

🎁 Leuchtende Schwimmschwäne

Alles was Sie für die schwimmenden Schwäne benötigen, ist wasserfestes Aquapapier und eine Schere.

1.   2.   3.

1. Falten Sie pro Schwan ein 15 x 15 cm großes Stück Aquapapier einmal diagonal in der Hälfte, und öffnen Sie die Faltung wieder. Dann werden die oberen und unteren Ecken auf die Mitte geklappt. Die linke Spitze der Figur entlang der gestrichelten Linien …

2. … falten, öffnen und nach innen wenden, sodass die Spitze nach oben zeigt. Die gleiche Faltung entlang der gestrichelten Linien links und rechts der Figur wiederholen.

3. Kopf und Schwanz des Schwanes bilden sich heraus. Drücken Sie in der Mitte eine Stellfläche für das Teelicht flach, und biegen Sie die Seitenteile nach oben, damit kein Wasser eindringen kann. Der Schwan ist fertig.

Wer noch schneller an die Papierschwäne gelangen möchte, kann fertig vorgestanzte Schwanmotive verwenden. Diese werden auch unter der Bezeichnung „schwimmende Lichtschwäne" angeboten.

Wichtig: Holen Sie sich vor der Aktion die Erlaubnis ein, Teelichtfiguren aus Papier auf dem See schwimmen zu lassen.

43 Japanische Kirschblütenhochzeit

Eintauchen in eine Wolke aus Weiß und Rosé

Traumhaft schön: Eine Hochzeitsfeier im japanischen Stil und dazu noch zur Zeit der Sakura, der Kirschblüte, das begeistert selbst diejenigen, die bislang keine Japanfans sind.

Lassen Sie die zarten Kirschblüten wie einen roten Faden durch Ihre Feier ziehen. Ein starkes Gestaltungselement sind blühende Kirschzweige, die Sie als Tisch- und Raumdekoration nutzen können. Am leichtesten geht dies mit den biegsamen, wie echt wirkenden Seidenblumenzweigen. Sie werden einfach mit Transparentschnüren an der Decke angebracht sowie effektvoll auf dem Tisch verteilt.

Auch die Hochzeitstorte sieht edel mit einem speziellen Kirschblütendekor aus Zuckermasse und Marzipan aus. Dazu gibt's echte Cherryblossom-Cupcakes, das sind mit Kirschblüten verzierte Mini-Kuchen.

♥ Gastgeschenke – kunstvoll in Stoff gehüllt

Ein Furoshiki ist ein quadratisches Tuch, das in Japan zum Verpacken von Geschenken genutzt wird. Sie können auch Seidentücher und andere schöne Stoffe dafür verwenden. Verpackt wird, indem man das Geschenk mittig auf den Stoff legt, die sich gegenüberliegenden Ecken hochschlägt und jeweils mit einem einfachen Knoten verknüpft.

Neben dieser Variante gibt es noch eine Vielzahl weiterer Verpackungsmöglichkeiten. Die Yotsu Musubi genannte Version ist jedoch die einfachste Wickeltechnik – stilvoll und kreativ.

Weitere Deko-Elemente, die bei einem Hochzeitsfest im japanischen Stil nicht fehlen dürfen, sind Shoij-Laternen und die typischen Sonnenschirme aus Bambus. Eine Girlande aus selbstgefalteten Kranichen verheißt dem jungen Hochzeitspaar Glück in der Ehe.

Die Braut trägt ein weißes, gerade geschnittenes Kleid mit einer japanischen Obi-Schärpe am Rücken. Als Accessoire wählt sie einen Seidenfächer mit Kirschblüten und Schmetterlingen.

Für das Essen engagieren Sie einen Sushi-Koch, der die Gäste mit Köstlichkeiten in Muschelhälften begeistert, und zum Nachtisch lassen Sie Mochi-Eis servieren: zart-cremiges Milchspeiseeis umhüllt von einer hauchdünnen Teigschicht aus Mochireis – einfach köstlich!

Selbst mit den Gastgeschenken gelingt Ihnen eine Überraschung: Furoshiki-Päckchen, eine kleine feine Idee, die auch noch der Umwelt zugutekommt.

Den krönenden Abschluss Ihres Festes bildet ein Höhen-Feuerwerk. Nach all den vielen Fest-Highlights brauchen Sie kein großes Lichtspektakel mehr zu zünden – Hauptsache, es werden mit einigen wirkungsvollen Fontänen und Knallern die letzten bösen Geister in die Flucht getrieben. Zu einem richtigen Kirschblütenfest gehört ein Feuerwerk eben dazu.

44 Blue Emotions

Entspannt feiern zwischen Tag und Traum

Die Seele baumeln lassen – das geht auch beim eigenen Hochzeitsfest. Lassen Sie sich entführen in die blaue Stunde zwischen Wachen und Träumen, wenn die Dämmerung sich sanft über die Landschaft legt und alles noch einmal in einem zauberhaften Licht erglühen lässt.

Wer auf sein Glück vertraut, feiert draußen und erlebt hautnah, wie sich zur blauen Stunde für kurze Zeit alles um ihn herum farblich wie durch Zauberhand verändert.

Damit alle diese atemberaubenden Augenblicke genießen können, sollten für etwa 20 Minuten keine Kellner herumlaufen und kein Tellergeklapper zu hören sein.

Einzig leise Musik darf dieses Naturschauspiel untermalen – am besten live. Ideal wäre ein gefühlvolles Saxofon-Solo, das die Privataufführung der Natur in Töne überträgt – Gänsehauteffekt garantiert.

Wer auf Nummer sicher gehen will, feiert indoor und erzeugt die blaue Stunde geschickt durch Lichteffekte. Das wirkt zugegebenermaßen anders als das Naturschauspiel, edel und stylisch, doch genauso entspannend. Achten Sie bei der Lichtregie darauf, dass der Raum zwar sphärisch angehaucht, doch insgesamt freundlich, offen und weit wirkt.

Die Tische werden blau eingedeckt, die Stühle ebenfalls mit blauen Hus-

sen überzogen. Den Tisch des Hochzeitspaares dominiert der Brautstrauß in Weiß-Rosé aus Tulpen, Hortensien und Rosen, in den glitzernde Paradiesvögel eingearbeitet sind. Die Gästetische werden mit kleineren Tulpensträußen geschmückt, welche die Sicht auf das Gegenüber nicht behindern. Rund um die Sträuße sind in bunter Folge Stumpen- und Glaskerzen angeordnet. Sie geben stimmungsvolles Licht in warmen Gelbtönen, die sich kontrastreich gegen das Blau abheben.

Wie lässt sich das Hochzeitsmotto „Blue Emotions" für die Hochzeitspapeterie nutzen? Karten mit romantischen Hochzeitsmotiven in Blau sind sicher eine Option. Wenn Sie sich für Ihr Fest etwas Individuelleres wünschen, sind Scherenschnitt-Portraits die Lösung. Blaue Stunde bedeutet zugleich, dass die Schatten länger werden. Silhouetten-Portraits nutzen genau diesen Effekt – nur ohne Längsverzerrung. Sie werden auch Schattenrisse genannt.

✤ Scherenschnitt-Portraits

Alles, was Sie für diese sehr persönliche Gestaltungsidee benötigen, ist ein digitales Profilfoto von Ihnen beiden. Dieses können Sie selbst oder über Spezialanbieter in einen Schattenriss umwandeln lassen. Bezugnehmend auf das Hochzeitsthema könnte es auch ein blauer Schattenriss sein. Sobald Sie über diese Grafik verfügen, stehen Ihnen jede Menge Umsetzungsmöglichkeiten offen: Einladungs-, Menü- und Tischkarten bedruckt mit Ihren Silhouetten sind nur eine davon. Darüber hinaus lassen sich Windlichter, Teller und sogar Gläser mit Ihrem Profil verzieren. Selbst Wand- und Boden-Tattoos in Überlebensgröße sind möglich. Die kleinste Variante trägt das Hochzeitspaar: Dem Bräutigam blitzt das Schattenrissmotiv auf den Manschettenknöpfen unter dem Jackettärmel hervor; die Braut trägt das Liebessymbol an einer Silberkette mit Anhänger am Hals.

45 Tanz im Mai

Mit Schwung ins Eheglück

„Wie ein Meer des Lebens ergießt sich der Frühling in die Erde, der weiße Blütenschaum bleibt an den Bäumen hängen." Das schrieb Heinrich Heine in seiner „Harzreise" zum ersten Mai. Kein Jahresteil wird derart freudig erwartet wie der Mai. Alles sprießt, neues Leben erwacht – ein Monat wie geschaffen um zu heiraten.

Genau das tun Sie – und zwar exakt im Monat der Liebe. Ein wunderschöner Grund, um ein wahres Freudenfest zu feiern. So richtig mit Tanz und viel guter Laune.

Traditionell wird in diesem Monat um den Maibaum getanzt. Das ist eine auf einem großen Platz aufgestellte Birke oder ein Nadelbaumstamm, an dessen Spitze bunte Bänder befestigt werden. Die Jungen und Mädchen des Ortes tanzen in gegenläufigen Richtungen um den Baum herum, wobei sie die Bänder miteinander verflechten.

Ein Brauch, der Symbole der Freude, des Glücks, der Fruchtbarkeit und des Wachstums in sich vereint. Um ihn in die Hochzeit zu integrieren, wurde der sogenannte Bandltanz für das Brautpaar in den Luftschlangentanz abgewandelt.

Die Maibraut

Um diesen und alle weiteren Tänze des Tages in vollen Zügen genießen zu können, sollte die Braut ein weißes Brautkleid im Ballettstil tragen. Damit lässt es

♫ Luftschlangentanz

Zunächst benötigen Sie für dieses fröhliche Tanzspiel einen großen weißen Regenschirm, dessen Außenseite mit doppelseitigem Klebeband präpariert ist.

Sobald die Musik zu spielen anfängt, spannt das Brautpaar den auf einer Halterung befestigten Schirm auf und beginnt darunter zu tanzen. Die Hochzeitsgäste versammeln sich im Kreis um das Paar und werfen in hohem Bogen Luftschlangen auf den Schirm. Nach und nach verschwinden die Köpfe des immer weiter tanzenden Brautpaares hinter den Luftschlangen. Es bildet sich ein schützendes Dach über ihnen, das von nun an symbolisch für das Wohlergehen der beiden sorgen soll.

Der Schirm steht für den Maibaum, der von den Hochzeitsgästen mit Luftschlangen statt mit Bändern geschmückt wird. Das tanzende Brautpaar bringt die Bewegung, welche die magischen Kräfte weckt.

Die Luftschlangen werden so lange geworfen, bis die Musik endet. Dann darf sich das Brautpaar sozusagen unter Ausschluss der Öffentlichkeit küssen und wieder unter dem Schirm hervortreten.

sich so richtig schön mit dem Tanzpartner um die eigene Achse wirbeln.

Der rundgebundene Brautstrauß aus zartrosa Rosen, weißen Lilien sowie violetten und grünen Akzenten wirkt duftig und leicht. In der Reverscorsage des Bräutigams findet sich die Liebesrose wieder. Sie ist auch auf der Tischdekoration zu bewundern und gibt dem ansonsten weißgrundig gestalteten Arrangement die Farbe.

Maitische

Das Erwachen der Natur mit frischem Grün, Sonnenstrahlen und Sommerahnung im Liebesmonat, das alles strahlt die sorgfältig komponierte Tischdekoration aus.

Für die **Serviettensträußchen** wird je eine Rose mit etwas Schleierkraut und Blattgrün mit Floral-Tape zusammengebunden und mit Silberdraht umwickelt. Die Serviette rollen und das Sträußchen mit weißem Organzaband darauf festbinden.

Die **Menükarte** wird durch einen einfachen Kunstgriff zu einem individuell gestalteten Dekoelement. Lochen Sie sie zweimal mittig und ziehen Sie ein zartes rotes Zierband durch die Löcher. Zu einer Schleife binden – fertig.

Das **Gastgeschenk** verbirgt sich in einem niedlichen Papiertäschchen mit aufgedrucktem Herz.

Rosenblätter liegen über den ganzen Tisch verstreut und werden von einer **Teelichtkugel mit Glasdiamanten** funkelnd beleuchtet.

Als **Tischkarte** wird ein aufstellbarer Bilderrahmen genommen, in den ein weißes Blatt mit der zugehörigen Tischnummer eingelegt wurde. Der Rahmen ist ebenfalls mit glitzernden Glasdiamanten geschmückt.

Ein zauberhafter Maitisch – edel, frisch und außergewöhnlich.

46 Ein Sommernachtstraum

Wonderland-Feeling im Festzelt

Laue Sommernächte sind zum Feiern
da – Hochzeitsnächte sowieso.
Mit einem Zelt sind Sie wetterunabhän-
gig und können Ihre Hochzeitsfeier bis
in die tiefe Nacht hinein genießen.
Zelte verschiedenster Typen erhalten
Sie bei Verleihfirmen. Wer ein größeres
Fest plant, kann auch eine Mini-Zelt-
stadt errichten. Neben dem Zelt zum
Essen gibt's ein Extra-Zelt zum Tanzen.
Darüber hinaus eines für das Büfett und
eines für eine Bar. Wenn Sie die Zelte
dicht nebeneinander aufstellen, können
die Gäste trockenen Fußes von Zelt zu
Zelt wandern. Eine super Idee – nicht
wahr?

Die Dekoration halten Sie sommerlich
leicht. Gemütliche Korbstühle im inte-
ressanten Mix mit französischen Gar-
tenbänken, dazu als Solitär eine Blumensäule, bilden die Grundelemente
Ihres Gestaltungskonzepts. Die roman-
tisch-verzauberte Stimmung verstärken
Sie durch Licht. Lassen Sie die Bäume
rund um das Zelt in Rot und Blau von
unten anstrahlen. Die Blumensäule und
einzelne Büsche im Garten werden zusätzlich beleuchtet.

Für das Essen haben Sie sich etwas ganz
Ausgefallenes einfallen lassen: Sie mischen gekonnt Menü und Büfett, indem
Sie Vor- und Nachspeisen klassisch
auf Büfetttischen anrichten lassen und

Gebratener Lachs auf Blattspinat

Zutaten:
1 Bund Frühlingszwiebeln
2 Knoblauchzehen
Olivenöl
1200 g TK-Blattspinat, aufgetaut
Salz, Pfeffer
geriebene Muskatnuss
500 g Langkornreis
1200 g Lachsfilet
1 Zitrone, unbehandelt
200 ml trockener Weißwein
400 ml Sahne
4 EL Soßenbinder, hell

Frühlingszwiebeln und Knoblauch schälen und in feine Ringe schneiden. Olivenöl in einem Topf erhitzen und die weißen Zwiebelringe sowie den Knoblauch darin andünsten. Spinat zufügen und 5 Minuten zusammenfallen lassen. Mit Salz, Pfeffer und Muskatnuss würzen und zugedeckt weitere 5 Minuten dünsten.

Langkornreis nach Packungsanweisung in kochendem Salzwasser zubereiten.

Die Lachsfilets waschen, trocken tupfen und im heißen Öl unter Wenden 6-8 Minuten braten. Mit Salz und Pfeffer würzen. Lachsfilets aus der Pfanne nehmen und warm stellen.

Die Schale der Zitrone abreiben und den Saft auspressen. Bratfett mit Weißwein und Sahne ablöschen und kurz aufkochen. Zitronensaft und Zitronenschale zugeben, mit Soßenbinder andicken und mit Salz und Pfeffer würzen. Blattspinat, Reis und Lachs mit der Zitronensauce auf den Tellern anrichten. Mit den grünen Zwiebelringen garnieren.

den Hauptgang als „Flying Dinner" servieren. Hierbei werden die Gerichte in kleinen Portionen frisch zubereitet und vom Servicepersonal im wahrsten Sinne des Wortes „fliegend" in den Festsaal gebracht. Der total angesagte Trend im Catering.

Hier ein Vorschlag für das Flying Dinner, den Sie in kleinerer Runde auch von privaten Köchen zubereiten und servieren lassen können. Das Gericht ist einfach und schnell fertigzustellen.

Bei Mondschein

und Sternenlicht

*Wenn einer träumt,
bleibt es ein Traum.
Wir träumten
gemeinsam, so wurde es
Wirklichkeit.*

ALBERT SCHWEITZER (1875-1965),
DT. ARZT, THEOLOGE UND PHILOSOPH

Hochzeitsfeste, die vorwiegend nachts stattfinden, sind bereits durch den gewählten Zeitrahmen etwas ganz Besonderes. Nachts ist die Welt romantisch, geheimnisvoll und auch still. Unsere Vorfahren wollten mit lauten Klängen übelwollende Geister vertreiben.

Sie hingegen wollen mit Ihrem Fest Ihre Zusammengehörigkeit zeigen – und wenn es einmal laut wird, dann aus purer Lebensfreude.

Nutzen Sie die Dunkelheit, um sie zu erhellen. Das kann mit einem Feuerwerk geschehen, das Sie ganz klassisch outdoor zünden lassen, oder mit Wunderkerzen, die Sie draußen oder sogar indoor entfachen – als beeindruckendes Büfettspektakel.

Diese und viele weitere Festideen finden Sie auf den folgenden Seiten, mit denen Ihr Hochzeitstraum Wirklichkeit wird.

47 Vollmondtrauung

Under the Moon of Love

Seit jeher fasziniert der Mond die Menschen. Seine wechselnden Phasen werden von ihnen aufmerksam beobachtet. Besonders wenn er als helle Scheibe am Himmel steht und alles in sein silbernes Licht taucht, sind viele von ihm beeindruckt.

Den Kelten galt die Vollmondzeit als heilig. Überwiegend in dieser Zeitspanne schlossen sie Vergangenes ab und trafen Entscheidungen für die Zukunft. Auch ihre wichtigsten Feste fanden während bestimmter Vollmondphasen statt.

Bis heute werden weltweit noch Mondfeste gefeiert. Vor allem in Asien pflegt man diese Tradition. In China wird beispielsweise zu einem festgelegten Zeitpunkt während eines Mondzyklus zusammen mit den Nachbarn gegrillt, es werden Mondkuchen gebacken, und die Kinder erhalten Geschenke.

Nutzen auch Sie die romantische Stimmung einer Vollmondnacht für Ihre Hochzeit, und legen Sie die Trauung sowie das anschließende Fest auf einen dieser speziellen Termine, wenn der Erdtrabant in voller Größe sichtbar ist.

Als Location für die Feier eignen sich Festsäle von Landgasthöfen, Herrengütern sowie Burg- und Klosteranlagen, von denen aus man einen guten Blick auf den Himmel hat – und mit etwas Glück bei wolkenloser Nacht auch den himmlischen Lichtspender erblicken kann. Besonders schön, wenn das Lokal den Mond in seinem Namen trägt und zum Beispiel Weingut Mondschein, Moonrise Castle oder Casa Luna heißt.

Mondschein-Romantik

Die Tisch- und Raumdekoration lebt von den Kerzen, die Sie überall verteilen. Stellen Sie Boden- und Wandkandelaber, mehrarmige Tischleuchter und Votivgläser auf, die den Raum in ein wohliges Licht tauchen. Im Loungebereich lassen Sie weiße, runde Papierlaternen wie Monde von der Decke hängen. Sie werden ebenfalls mit Kerzen oder Lichterketten beleuchtet. Einladungs-, Platz- und Menükarten sind in der Silhouettenform des zunehmenden Mondes geschnitten, und als Gastgeschenk liegen Plätzchen in Mondform auf den Gedecken. Zurück im Festsaal wartet das Hoch-

❀ Weg des Lichts

Einen besonders schönen Effekt erzielen Sie mit einem „Chemin de Lumière", einem „Weg des Lichts", den Sie bei anbrechender Dunkelheit auf einem Steinweg im Außenbereich der Location entzünden. Stellen Sie dazu jede Menge Kerzengläser auf die Steinplatten, und lassen Sie sie von Helfern zur angegebenen Stunde anstecken.

Ein Tipp: Wenn Sie geriffelte Gläser verwenden und den Weg vorher mit Wasser einsprühen, verstärkt sich der Lichtermeer-Effekt durch die vielfachen Spiegelungen.

*Es ist, als wenn der Mond
mit den Sternen zusammenklingt,
als wenn Melodien
durch den Flimmerschein wehen.*

LUDWIG TIECK (1773 - 1853),
DT. DICHTER

zeitsmenü auf Sie. Das Essen wird von einem Pianisten und einer Sängerin untermalt.

Anschließend wird der Tanz mit dem Hochzeitswalzer eröffnet.

Um Mitternacht schlägt die Stunde des Pianisten. Er greift noch einmal in die Tasten für ein ganz besonderes Stück: die Mondscheinsonate von Beethoven. Lehnen Sie sich einfach nur zurück und genießen Sie die sanften Klänge.

👍 *Moonwaltz*

Braut und Bräutigam gehen auf die noch leere Tanzfläche. Der erste Tanz, traditionell ein Walzer, gehört Ihnen ganz allein. Er ist Audruck ihrer innigen Verbindung und symbolisiert den Ehering, den jeder der beiden Jungverheirateten an seinem Finger trägt: Beim Walzer bildet das Paar einen geschlossenen Ring.

Die Braut schwebt in einem weißen Chiffonkleid mit Spaghettiträgern über die Tanzfläche. Zarte Goldstickereien spiegeln sich im Licht der Kerzen. Ins hochgesteckte Haar sind verspielte Perlencurlies eingearbeitet.

Der Bräutigam umarmt sie in einem schwarzen Zweireiher mit weißem Hemd.

48 Den Sternen nah

Wintermärchen-Romantik

Hochzeiten im Winter sind an Romantik kaum zu übertreffen. Der Gegensatz zwischen weiß verschneiten Bäumen in klirrender Kälte draußen und wohliger Wäme mit dem Duft nach Gewürzen, Plätzchen und Tannenzweigen drinnen schaffen eine unvergleichlich wohlige Atmosphäre.

Als Location wäre eine einsame Berghütte natürlich ideal, ein altes Landgut ist jedoch ebenfalls wunderbar geeignet. Wichtig ist ein offener Kamin, der eine angenehme Wärme versprüht.

Lassen Sie sich bei der Dekoration von der Natur inspirieren, und wählen Sie

❀ Eistische mit Sternenglanz

Auf den weiß eingedeckten Tafeln liegen zarte weiße Organzatischläufer mit Silbersternen. Weißes Geschirr und Silberbesteck ziert die Gedecke. Goldfarbene Ilexzweige mit weißen Perlen als Früchten schmücken die obersten Teller. Große gravierte Glaskugeln wurden als Hingucker in die Weingläser gesteckt. Sie können später von den Gästen entfernt werden. Kleine Kugeln in Perlmutt liegen über den Tisch verteilt.

In einer Kristallschale werden selbstgebackene Plätzchen angeboten, und ein weiß mit Puderzucker beschneiter Rührkuchen wartet auf seinen Anschnitt. Wenn das nicht einladend ist!

viele Elemente in den winterlichen Schneefarben Weiß, Silber und Eisblau. Erhöhen Sie den „Frozen Effect" mit Kugeln, Schalen und Kelchen aus Glas und Kristall.

Winterwunderland

Mehrere weiße Tannenbäume, mit Lichterketten und eisblauen Kugeln geschmückt, lassen den Festsaal in winterlichem Glanz erstrahlen. Der Loungebereich ist mit großen Kissen mit Pelzbezug eingerichtet, und auf einem weißen Holzschlitten liegen die Geschenke für die Gäste bereit: Schneekugeln mit einem Hochzeitsmotiv. Die Tische greifen den Wintermärchen-Stil auf – Ihr Fest wird zu einem wahren Hochzeitstraum.

Gewürzkerzen im Sternteller

In der Tischmitte steht ein großer kupferfarbener Sternteller aus Keramik, mit vier Gewürzkerzen dekoriert. Dazwischen sorgen Goldglöckchen für eine zusätzlich wärmende Note. Die Kerzen sind reich mit getrockneten Orangenscheiben, Sternanis, Gewürznelken und Zimtstangen verziert. Beim Abbrennen duften sie einfach himmlisch.

Als Winterhochzeitsmenü servieren Sie Wild als Hauptgericht mit Waldpilzsauce, Kartoffelgratin und Rotkohl. Dazu bieten Sie einen kräftigen Rotwein an. Zum Abschluss gibt's warmen Schokoladenkuchen.

Vorher wurden die Gäste an einer Schneebar empfangen, an der sie

Glühwein und Apfelpunsch statt Sekt serviert bekamen. Die Kleinen erhielten Kinderpunsch.

Winterbraut

Samt, dickere Seide oder elegante Wolle sind wärmende Stoffe für Ihr Brautkleid. Ein Jäckchen, ein Bolero oder eine Stola zum Überziehen ist ein Muss bei einer Winterhochzeit. Dazu weiße Stiefeletten mit hohen Absätzen, kleine Kristallspangen im Haar und ein origineller Pelzmuff für die kalten Hände.

Lebensringe

Die Trauringe, die sich das Brautpaar ausgesucht hat, sind etwas ganz Besonderes: Sie sind viereckig. Diese Ringform ist angenehm zu tragen und besticht durch ihre dezente Eleganz. Die Eheringe der Brautleute sind aus Roségold gearbeitet, mattiert und mit zwei Glanzrillen versehen.

Details wie eine Schlittenfahrt mit weißen Pferden machen Ihr Fest zu einem wahren Winter-Hochzeitstraum.

Wunderkerzen-Feuerwerk mit Sternfunken

Verteilen Sie Garten- oder Riesenwunderkerzen an Ihre Gäste.

Jeder steckt nun seine Kerzen sich oben und unten mit anderen überkreuzend in den Schnee, sodass die Formation wie ein etwas auseinandergezogener Zollstock aussieht. Die Kerzen müssen sich dabei an zwei Punkten berühren, damit die Flamme später überspringen kann.

Wenn die Gäste ihre Kerzen so aufbauen, dass eine einzige lange Formation entsteht, ist das Feuerwerk besonders lange zu bestaunen.

Sobald die erste Wunderkerze an einem Ende der Zickzackschlange angezündet wird, beginnt das Feuer mit den Sternfunken von Kerze zu Kerze zu wandern. Ein beeindruckendes Schauspiel.

Bei Dunkelheit zünden Sie im Schnee Wunderkerzen an. Sie können sie einfach in Dreiergruppen gebündelt in die weiße Pracht stecken. Es gibt auch Motiv-Wunderkerzen in Herzform. Die müssen natürlich einzeln in einen kleinen Schneehügel gespießt und angezündet werden.

Ein herrlicher Spaß ist ein Wunderkerzen-Feuerwerk, an dem sich alle Gäste beteiligen können. Alles, was Sie dafür benötigen, sind möglichst viele Garten- oder Riesenwunderkerzen, damit das Lauffeuer möglichst lange brennt.

49 Feuer und Flamme

Feiern mit Tanz und Temperament

Liebe kann beginnen, wenn zwei mit dem Brennstoff ihrer Träume ein Feuer entzünden.

<small>UNBEKANNT</small>

Das trifft genau auf Sie zu. Ihr Feuer haben Sie entfacht. Sie leben Ihren Traum und wollen nun mit einer fulminanten Hochzeitsfeier Ihre Gäste daran teilhaben lassen.

Ein temperamentvolles Fest, auf dem geschmaust, gesungen und getanzt wird bis tief in die Nacht hinein – das ist Ihre Vorstellung. Und anders als übliche Feste soll es natürlich auch sein.

Da gäbe es etwas für Sie – etwas ganz Spezielles: Wie wär's mit einer Feier im Stil eines Fest-noz, eines bretonischen Nachtfestes mit keltischer Musik und Tanz?

An Dro

Dreh- und Angelpunkt dieses Festes ist der An Dro, ein Kreis- oder Reihentanz im 2/4-Takt, der seine Dynamik nicht durch Schrittfolgen, sondern durch ein- und ausdrehende Armbewegungen erhält. Die Teilnehmer haken sich dabei an den kleinen Fingern unter.

Zur musikalischen Begleitung des An Dro werden Tanzmelodien auf der Bombarde, der bretonischen Schalmei,

👍 Fest-noz

Verbundenheit, Zusammenkunft und Spaß stecken in dem bretonischen Begriff „fest". „Noz" meint die Nacht. Mehrere Dörfer der Bretagne waren früher für ein Fest-noz auf den Beinen. Man aß gemeinsam, sang und tanzte bis in die frühen Morgenstunden. Ausgelassene Stimmung war das Kennzeichen dieses Festes.

Nachdem es Anfang des letzten Jahrhunderts für einige Zeit in Vergessenheit geriet, sind Festoù-noz seit den 1960er Jahren wieder stark im Kommen. Sogar in das Weltkulturerbe der UNESCO wurden sie aufgenommen. Jährlich finden in in der Bretagne während der Sommersaison mehrere Festoù-noz statt.

und dem Binioù Kozh, dem bretonischen Dudelsack, gespielt.

Hinzu kommt noch ein Wechselgesang, „Kan ha diskan", bei dem sich zwei Sänger in ihrem Vortrag abwechseln.

Musiker und Sänger, die diese Melodien und Instrumente beherrschen, gibt es mittlerweile auch bei uns in großer Zahl. Ein Tanzlehrer, der Sie in die Bewegungen einführen kann, ist ebenfalls über die heimischen Volkstanzgruppen, die sich dem An Dro verschrieben haben, zu finden.

Die roten Schuhe

Das Hochzeitspaar tanzt natürlich mit. Der Bräutigam im schwarzen Anzug mit einer roten Rose im Revers, die Braut in einem weißen Ballkleid, zu dem sie als mutigen Kontrast rote Schuhe trägt! – Ja, rote Tanzschuhe mit hohem Absatz, die sie in einem Fachgeschäft für Profitanz erhalten hat. Das Rot greift sie mit einer roten Brauttasche, einer roten Kette und roten Curlies in den Haaren wieder auf. Der Brautstrauß besteht natürlich aus roten Rosen.

Für Gesang und Tanz ist gesorgt – das Essen fehlt noch. Ein typisch bretonisches Gericht ist der Kig ha Farz, ein Eintopf mit viel Gemüse und Fleisch. Das Besondere: Ein Jutebeutel mit leckerem Buchweizenteig hängt im Sud. Das der Suppe entnommene Brot wird als Beilage gereicht.

Dazu trinkt man bretonischen Cidre, den herrlich moussierenden Apfelwein, der in drei Varianten angeboten wird: doux (lieblich), demi-sec (halbtrocken) und sec beziehungsweise brut (trocken). Bretonischer Cidre wird nicht aus dem Glas, sondern aus einer bolée, einer Steingutschale, getrunken.
Als Dessert können Sie Crêpes mit gesalzener bretonischer Butter und Zucker oder Far, einen Auflaufkuchen mit Backpflaumen, reichen.

❀ Feuer- und Flammendeko

Die Dekoration der Tische gleicht sich dem schwungvollen Fest an. Sie lebt von der Lebendigkeit der vielen Kerzenflammen, die von dem feurigen Rot der Läufer aufgenommen wird. Stühle und Tische aus Holz sorgen für eine ungezwungene Atmosphäre. Orchideen auf den Tellern setzen einen edlen Akzent. Für alle, die keinen Cidre trinken möchten, steht Wein in Terracottakühlern bereit.

Als Gastgeschenke verteilen Sie die köstlichen Butterkekse aus Pont Aven. Sie sind in hübsche Nostalgiedosen verpackt.

Auf dem Höhepunkt des Festes lassen Sie ein opulentes Feuerwerk zünden. Vulkane und Sonnen, Feuertöpfe und Römische Lichter erhellen eine Zeit lang den Himmel.

Die Verbrennungstemperatur der einzelnen Zündsätze ist beeindruckend. Farbige Rauchsätze kommen auf 400 °C, metallhaltige Leuchtsätze bringen es auf bis zu 3000 °C. Heiß!

Noch viel heißer brennt jedoch das Feuer der Liebe – und vor allen Dingen viel, viel länger.

50 In der Mitte der Nacht

Mit einer fantastischen Lichtshow ins neue Leben

Nach dem Hochzeitsfest beginnt Ihr neues Leben als verheiratetes Paar – sozusagen ab Mitternacht. Das muss natürlich riesig gefeiert werden!

Suchen Sie sich einen schönen großen Festsaal oder eine exklusive Eventlounge in einem Grandhotel, Kunstsalon oder Theaterhaus. Auch umgebaute Kinosäle, Lofts oder Pavillons kommen für Ihr Fest infrage. Wichtig ist, dass der Raum die Möglichkeit bietet, ein artifizielles Lichtequipment zu installieren. Sie wollen durch gezielten Einsatz von Licht Ihre Gäste bezaubern, wie beispielsweise durch sogenannte Floorspots. Das sind Scheinwerfer, die auf den Boden gestellt werden, um Wände und Decken anzustrahlen. Dezent eingesetzt passt sich das Licht der Floorspots optimal der übrigen Dekoration an und bringt sie zum Leuchten.

❀ Dekorieren mit Licht

Die komplett weiß eingedeckten Tische mit weißem Geschirr und weißen Servietten erhalten durch gezielte Lichtführung einen zarten blauen Schimmer. Dieser spiegelt sich auch auf den weißen Schüsseln und Schalen des Schlemmerbuffets wider und fängt sich in dem glasklaren Wasser des Eisherzens, das als Blickfang in der Mitte des Serviertisches steht. Eisskulpturen sind der absolute Hit auf Hochzeiten. Echtes Eis hat seinen eigenen Reiz, der sich durch nichts anderes ersetzen lässt.

Unterstützt wird dieser Glitzereffekt durch ein Büffetfeuerwerk, das den Tisch in farbige Flammen, sprühende Fontänen und Traumsterne hüllt.

Tortentraum um Mitternacht

Pünktlich, wenn die Zeiger der Uhren senkrecht nach oben weisen und auf den Displays der mobilen Zeitanzeiger

Hochzeitscocktail Blue Eyes

Die Lichtfarbe Blau wird auch vom Hochzeitscocktail aufgenommen, den Sie vor dem Essen servieren. Der Blue-Eyes zeichnet sich durch seine strahlend blaue Farbe aus, die er vom Blue Curaçao erhält. Er ist relativ süß, seine Stärke kann man durch die Menge des hinzugefügten Gingerale variieren.

Zutaten:

1 cl Blue Curaçao

3 cl Gin

2 cl Vermouth Bianco

1 Schuss Gingerale

3 Eiswürfel

1 Ananasscheibe

1. In ein Cocktailglas Blue Curaçao, Gin und Vermouth Bianco füllen, drei Eiswürfel hinzugeben und mit einem Barlöffel umrühren.

2. Mit etwas Gingerale auffüllen und nochmals umrühren.

3. Das Glas mit einer Ananasscheibe dekorieren.

die Zahl 24 erscheint, schneiden Sie Ihre Hochzeitstorte an: einen fünfstöckigen Tortentraum, ganz in Weiß und entlang der Stufen mit Bordüren aus geschwungenen Sahnetuffs versehen. Das erste Stück geben Sie sich gegenseitig mit kleinen silbernen Gabeln in den Mund. Um den Schwierigkeitsgrad zu erhöhen, versuchen Sie das gleichzeitig zu bewältigen. Die Gäste erhalten den Rest der Torte – bis auf das allerletzte Stück. Das frieren Sie ein und lassen es sich an Ihrem ersten Hochzeitstag gut schmecken.

Surprise Wedding Dance

Warum nicht einmal etwas ganz Ausgefallenes wagen? Hochzeits-Überraschungstänze sind absolut angesagt und somit eine gelungene Überraschung für die Gäste.

Dann, wenn der Eröffnungstanz ansteht, ändert sich plötzlich die Lichtregie, farbige Scheinwerfer blenden auf, die ein Lichtermeer auf die Tanzfläche zaubern. Im Takt der Musik wechseln sie die Farben. Dazu gesellen sich bewegte Lichtstrahlen, die von sogenannten Movingheads erzeugt werden. Sie wandern durch den ganzen Raum und werfen Muster auf die Bodenfläche, was durch Gobos, dünne Masken im Strahlengang des Scheinwerfers, bewirkt wird.

Das Brautpaar fetzt nun zu einer rasanten Musik über die Tanzfläche, perfekt und gekonnt einstudiert. Cool! Das hätte niemand von den beiden erwartet!

Starker Abgang

Nach diesem grandiosen Einstieg in die
Tanzrunde darf das neue Traumpaar,
wenn es möchte, die Feier gegen ein
Uhr verlassen. Hochzeitsfeste sind die
einzigen Anlässe, bei denen sich die
Gastgeber noch vor den Gästen verabschieden können. In diesem Fall richtet
sich der Bräutigam mit einer kleinen
Ansprache an die Anwesenden, bedankt
sich für ihr Kommen und wünscht
ihnen weiterhin frohes Feiern.

Danach betreten die beiden Frischvermählten ein letztes Mal die Tanzfläche.
Farbige Nebelsäulen steigen auf. Den
Abschlusstanz zelebrieren die Brautleute genussvoll als Stehblues zu einem
Lied von Melanie Chisholm. Es trägt
den unglaublich treffenden Titel:

„First Day of my Life"

🎵 Spiel oder Tanz

Aschenputteltanz   30
Baumstammsägen   100
Beach-Volleyball   118
Bogenschützenturnier   100
Brautstraußwerfen   156
Flamenco   149
Let's Limbo   121
Luftschlangentanz   171
Kinderspiel: Die goldene Linse   29
Kutschenspiel   14
Musik und Tanz   107
Ratespiel: Kussmund   93
Schleiertanz   65
Squaredance   138
Tarantella   154

👍 Profitipp

Barock-Menü   91
Bescheid-Tüchlein   130
Deko-Buchstaben   56
Doppeltes Schloss   89
Eheringe   43
Fest-noz   185
Himmlisches Candy-Buffet   84
Hoch, höher, Hochzeitstorte   50
Hochzeitsrede des Bräutigams   72
Keine Hochzeitstorte ohne Marzipan   95
Kurzurlaub   20
Liebesschlösser   109
Lippenrot   24
Lounge-Ecken   147
Mittelalterliche Marktsprache   98
Moonwaltz   180
Mythos Schwan   165
Perlen   41
Plastron   62
Schleifensprache   129
Something old ...   51
Souvenirladen   125
Strandtipps   116
Zeremonienmeister   75
Zinken des Teufels   102

❀ Dekoration

Blütentische   15
Bordeauxrot, Weiß und Gold   110
Brautstrauß in Tropfenform   76
Dekorieren mit Licht   187
Dekoration mit Lichtzeichen   122
Eistische mit Sternenglanz   181
Engelshaar-Brautstrauß   84
Feuer- und Flammendeko   186
Königliche Tischdekoration   60
„O'zapft is!"   129
Rosen und Ranken   24
Rosmarin-Duftserviette   86
Scheherazades Traumgemach   33
Scherenschnitt-Portraits   170
Schrot und Korn   131
Serviette: Blütenfächer   152
Sommerliche Sonnenblumen   138
Tischdekoration im Retro-Look   159
Tischzauber   105
Waldtische   34
Weg des Lichts   178

♥ Kreativanleitung

Brautpaargläser   21
Edle Satinbandkarten mit Ringsymbol   145
Gastgeschenke kunstvoll in Stoff gehüllt   168
Gästebuch mit Fragebogen   68
Gelbe Glamelie   58
Glückssteine   34
Hochzeitsanstecker   64
Kissing Ball als Brautstrauß   46
Leuchthülle als Menükarte   123
Memory-Board: Fingerabdruck-Baum   44
Reverscorsage mit Rose   77
Rosenherz   49
Stoffherzen-Girlande   135
Who is Who – das Gästeheft   42
Wunschbaum   30

🎁 Überraschung

Aladins Geschichte   33
Ballontauben   44
Barockfeuerwerk   70
Berühmte Liebespaare   161
Photo-Booth – der neue Hochzeitstrend   95
Herzluftballons steigen lassen   18
Leuchtende Schwimmschwäne   166
Ritter Kunibert   100
Sanfte Magie   64
Schmetterlingszauber   73
Stadtwache   99
Surprise Wedding Dance   188
Torten-Bonbonniere   92
Vom Backen und Schwarzbrennen   132
Wedding Bubbles   157
Weiße Hochzeitstauben   78
Wunderkerzen-Feuerwerk mit
Sternfunken   183

Spartipp

Blumen über Blumen   16
Blumenvasen   86

Rezept

Calvados   141
Caprese: Tomaten-Mozzarella   154
Chorizo-Pflaumen   151
Edles Ritter-Hochzeits-Mahl   103
Fischsuppe à la Bouillabaisse   115
Flammkuchen mit Äpfeln, Zimt und
Gebratener Lachs auf Blattspinat   175
Heidelbeertorte   55
Herztorte   19
Hochzeitscocktail Blue Eyes   188
Hochzeitscocktail Paradise   120
Rosen-Cupcakes   155
Sekt mit Zitronensorbet   59
Sektvariation: Der Bellini   146
Violette Hochzeitstorte   87

Der perfekte Start ins Leben
zu zweit

Paperback, 160 Seiten
durchgehend farbig,
mit zahlreichen Fotos
ISBN 978-3-86506-349-6

Mit dem perfekten Hochzeitsplaner der
erfahrenen Top-Autorin Yvonne Joosten über-
lassen Sie nichts dem Zufall. Gegliedert ist das
Buch in ein Kalendarium, das Monat für Monat
alle Vorbereitungen auflistet. Tabellen und Check-
listen verhindern, dass Wichtiges vergessen wird.

Praktisch, übersichtlich und inspirierend!

Brendow ●
VERLAG + MEDIEN